Marcus Funck
Kanada

Marcus Funck

Kanada

Ein Länderporträt

Ch. Links Verlag, Berlin

Die Deutsche Nationalbibliothek verzeichnet diese Publikation
in der Deutschen Nationalbibliografie;
detaillierte bibliografische Daten sind im Internet über
www.dnb.de abrufbar.

1. Auflage, Oktober 2012
© Christoph Links Verlag GmbH
Schönhauser Allee 36, 10435 Berlin, Tel.: (030) 44 02 32-0
www.christoph-links-verlag.de; mail@christoph-links-verlag.de
Covergestaltung unter Verwendung eines Fotos von der Skyline
Vancouvers (imago/Barry Bland)
Lektorat: Günther Wessel, Berlin
Satz: Andrea Päch, Berlin
Druck und Bindung: Druckerei F. Pustet, Regensburg

ISBN 978-3-86153-690-1

Inhalt

Krisen und Chancen –
Widersprüche des modernen Kanada

Anhang

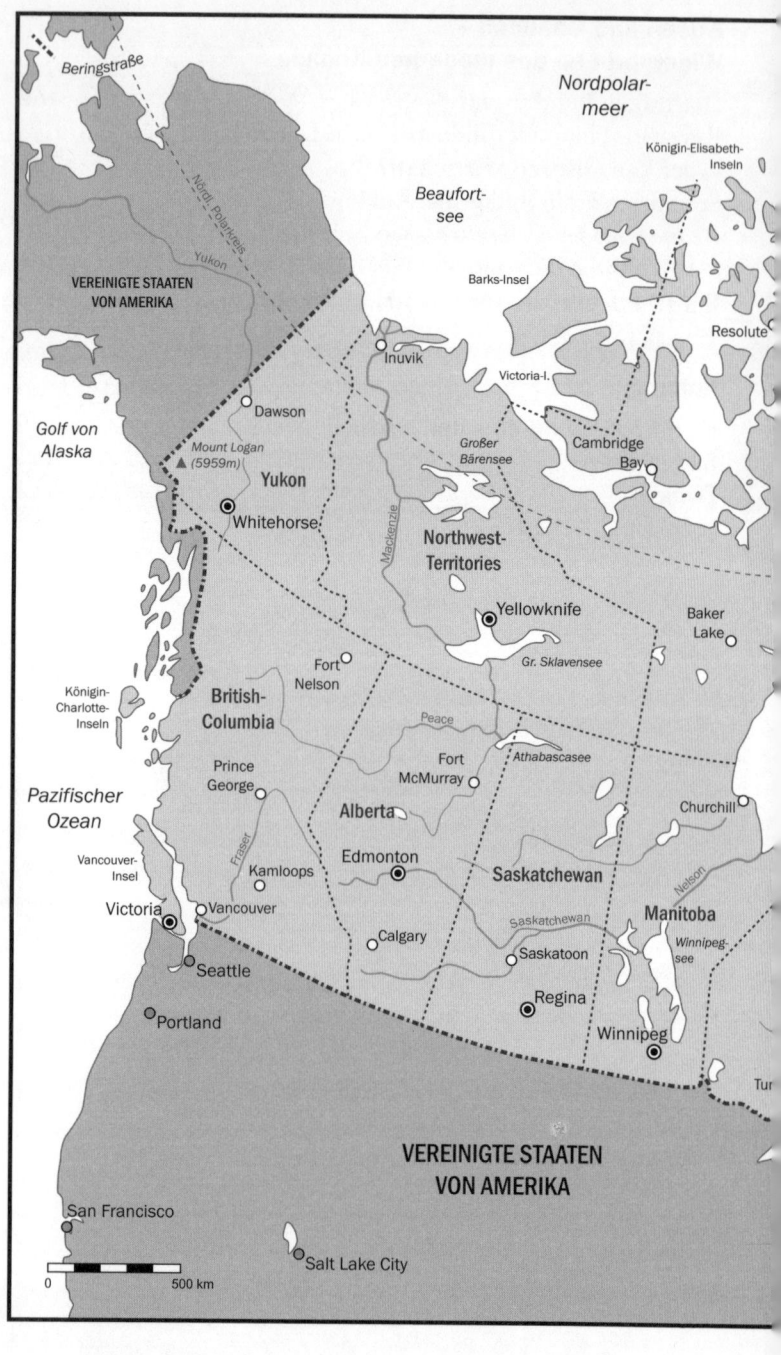

Beringstraße

Nordpolar-
meer

Königin-Elisabeth-
Inseln

Beaufort-
see

Barks-Insel

Nördl. Polarkreis

Yukon

Resolute

VEREINIGTE STAATEN
VON AMERIKA

Inuvik

Victoria-I.

Golf von
Alaska

Dawson

Großer
Bärensee

Cambridge
Bay

Mount Logan
▲ (5959m)

Yukon

Mackenzie

Whitehorse

Northwest-
Territories

Yellowknife

Baker
Lake

Gr. Sklavensee

Fort
Nelson

British-
Columbia

Peace

Königin-
Charlotte-
Inseln

Athabascasee

Pazifischer
Ozean

Prince
George

Fort
McMurray

Churchill

Alberta

Fraser

Kamloops

Edmonton

Saskatchewan

Nelson

Vancouver-
Insel

Victoria

Vancouver

Calgary

Saskatchewan

Manitoba

Saskatoon

Winnipeg-
see

Seattle

Regina

Portland

Winnipeg

Tur

VEREINIGTE STAATEN
VON AMERIKA

San Francisco

0   500 km

Salt Lake City

■	Landeshauptstadt
◉	Hauptstadt einer Provinz
○	sonstige Städte
Ontario	Provinz
··········	Grenze einer Provinz

GRÖNLAND

Alert

Baffin-
Bucht

Nunavut

Baffin-Insel

Nuuk

Iqaluit

Hudsonstraße

Atlantischer
Ozean

Labrador-
see

Hudson-
Bucht

Newfoundland and Labrador

Michikamusee
Churchill
Falls

Neufundland

Gander

St. John's

La Grande Rivière

Quebec

Manicouagan-
Stausee

Sept-Îles

Albany

Mistassinisee

St.-Lorenz-
Golf

Saint-Pierre-
et-Miquelon (fr.)

·igonsee

Ontario

Oberer See

1

2   Charlottetown

Quebec

Fredericton

3

Halifax

Montreal

Huronsee

Ottawa

Toronto

Ontariosee

Boston

Michigan-
see

Detroit

Eriesee

New York

Chicago

1	New Brunswick
2	Prince Edward Island
3	Nova Scotia

Vorwort

Als Jugendlichem ging es mir wie wohl Millionen meiner Altersgenossen: Kanada faszinierte mich, obwohl ich es überhaupt nicht kannte. Die Abenteuerromane von James Fenimore Cooper oder Jack London (beide übrigens US-Amerikaner!) lieferten ein Feuerwerk an Mythen über Wildnis, Weite, Kälte und vor allem überall lauernde Naturgefahren. Erst sehr viel später lernte ich aus Robert Gernhardts Erzählung »Blanket Creek oder Verwilderte Wünsche« (1991 in dem Band *Lug und Trug* erschienen), dass die kanadische Wildnis, wenn man sie als Tourist aufsucht, mitunter gar nicht so wild ist. Und dann war da noch der Globus der Eltern. Auf der einen Seite war so wenig Platz, dass die Namen der europäischen Staaten nicht ausgeschrieben werden konnten; auf der anderen Seite hingegen war so viel Platz, dass den Kartografen nichts anderes übrig blieb, als die Namen von Kleinstädten und winzigen Kaffs wie Gander, Moosonee oder Whitehorse in voller Länge auszuschreiben.

Als ich später eine erste Tour nach Nordamerika plante, stand Kanada nicht mehr ganz so hoch im Kurs. Doch reichte es immerhin für einen kurzen Grenzübertritt, der mich zum Staunen brachte und der europäischen Heimat wieder ein Stück näher zu bringen schien: zweisprachige Straßenschilder, zollbehördliche Lockerheit, allgegenwärtige Freundlichkeit, metrische Geschwindigkeitsangaben und überall das Porträt der Queen! Anlässlich der Veröffentlichung seines neuesten Romans *Kanada* äußerte sich der US-amerikanische Schriftsteller Richard Ford im August 2012 gegenüber der *Frankfurter Allgemeinen Zeitung* über das Freiheitsgefühl, dass ihn beim Überschreiten dieser Grenze überfällt: »Ich spüre, dass ich etwas verliere, von dem ich nicht wusste, dass ich es loswerden muss

[...] und dass ich etwas gewinne, von dem ich nicht wusste, dass ich es brauche: Toleranz. Den Willen, zu akzeptieren. Empathie.« Wie viele linksliberale Amerikaner spielte auch Ford immer wieder mit dem Gedanken, sein Land in Richtung Norden zu verlassen: »Ich könnte mir ein Haus in Montreal kaufen. Die Kanadier akzeptieren Unterschiede eher als wir. Vielleicht fluchen sie innerlich auch, aber sie hängen sich keine weißen Tücher über, schneiden Sehschlitze hinein und verbrennen Kreuze. Sie sagen keine furchtbaren Sachen über Schwule bei Militärbegräbnissen. Sie sind nicht immer bewaffnet.«

Meine Vorstellungen von unberührter Wildnis und Naturreichtum wurden abgelöst von Vorstellungen einer besonderen Kultur – Weltoffenheit, Liberalität, Toleranz – im gesellschaftlichen Miteinander. Mit der Erwartung, das Beste aus der Alten und der Neuen Welt in einer ganz unaufgeregten neuen Fassung verschmolzen vorzufinden, entschied ich mich schließlich für ein Studienjahr in Kanada an einer kleinen Universität in der Nähe Torontos. In diesem Jahr gewann ich aus der Perspektive des *international student* einen ersten Einblick in die gesellschaftlichen Realitäten und kulturellen Befindlichkeiten eines Landes, das sich aufgrund seiner geografischen und kulturellen Dimensionen traditioneller europäischer Vorstellungskraft entzieht. Dabei wurden auf Kanutouren und tagelangen Eisenbahnfahrten die naiven und auf Abenteuer hin ausgerichteten Kindheitsträumereien erneuert und ebenso bei Stadtwanderungen und Begegnungen mit Menschen aus aller Welt die jüngeren Hoffnungen auf einen grundlegend anderen, eben friedlicheren und toleranteren, sozialen Umgang miteinander bestätigt.

Als sich ein Jahrzehnt später die Gelegenheit eröffnete, langfristiger und diesmal beruflich nach Kanada zu gehen, zögerten wir keinen Moment. Nicht zuletzt wollten wir unseren Kindern die multikulturelle Gesellschaft, gelebte Vielsprachigkeit und natürlich auch einen einzigartigen Naturreichtum als reale Möglichkeit erfahrbar machen. In diesen Jahren, die mich beruflich und privat kreuz und quer durchs Land führten und mich mit den verschiedensten Kanadiern in Berührung kommen ließen, ist die Idee zu einem Kanada-Buch entstanden. Dies auch, weil ich aus der Ferne bestimmte deutsche Debatten – allen voran natürlich die völlig verquere Diskussion über das Für und Wider des Multikulturalismus – nicht mehr verstehen konnte oder wollte. Außerdem störte mich zunehmend der auf die USA fixierte Nordamerika-Blick der deutschen Öffentlichkeit. Die großen gesellschaftlichen Reformdebatten der letzten Jahre, man denke an Themen wie Bildung, Zuwanderung, Integration, hätten weitaus unaufgeregter und vielleicht auch erfolgversprechender verlaufen können, wenn das kanadische Beispiel ernster genommen worden wäre. So scheint es mir geradezu unsinnig zu sein, milliardenschwere amerikanische Elitehochschulen als Modell für eine deutsche Hochschulreform auszuwählen, wo doch das international hochgeschätzte staatliche Hochschulsystem Kanadas sehr viel näher an den deutschen Realitäten ist.

Wieder zurück in Deutschland, vermisst man neben der Großzügigkeit des Raumes zuallererst die kulturelle Vielfalt und die Offenheit sowie Gelassenheit im Umgang mit derselben. Einfach mal um die Ecke gehen und *Goat Roti* essen ist ebenso schwierig wie einen portugiesischen Scherenschleifer zu finden oder eine Schule, in der nahezu sämtliche Feiertage der Weltreligionen gleichberechtigt nebeneinander begangen werden, ohne dabei bigott zu wirken. Wenn eine Stadt wie Berlin das (sehr verdienstvolle) *Haus der Kulturen der Welt* beherbergt, dann muss man Städte wie Toronto, Montreal oder Vancouver als die eigentlichen Häuser der Weltkulturen bezeichnen. Denn dort ist die Welt nicht nur zu Gast bei Freunden, sondern sie ist ganz bei sich zu Hause.

Die Kanada-Jahre haben meinen Blick auf das Land geschärft und in mancher Hinsicht auch differenziert. Was uns von außen so leicht und locker erscheint, ist tatsächlich eine hochkomplexe und komplizierte Gesellschaft mit zahlreichen Widersprüchen und Konfliktlinien: Die doppelte Vergangenheit der *Two Solitudes*, so ein Roman von Hugh MacLennan aus dem Jahr 1945, der die Spannungen zwischen dem englischen und dem französischen Kanada thematisiert, die Konkurrenz der kanadischen Regionen untereinander, das zwiespältige Verhältnis zu den USA, die zahlreichen ethnischen Konfliktlinien in der multikulturellen Gesellschaft und auch die prekäre Balance zwischen Ausbeutung und Bewahrung der natürlichen Ressourcen sind einige Beispiele für Themenfelder, die auch in Kanada breit und kontrovers debattiert werden.

Hinzu kommt die unermüdliche Suche nach einer kanadischen Identität – eines der Leitthemen in der jüngeren Vergangenheit des Landes – welche die britischen Humoristen des *Monty Python's Flying Circus* auf den berühmten Episodentitel *Whither Canada?* (»Wohin Kanada?«) brachte. Aufgrund der Diversität und Fragilität des Landes, das immerhin schon mehrfach auseinanderzufallen drohte, ist die Frage nach den gemeinsamen Identitätskernen, nach *Canadianness* keine ganz unbedeutende. Allein, eine allgemeingültige Antwort darauf ist noch nicht gefunden worden und wird aller Voraussicht nach auch nicht mehr gefunden werden. Der Journalist Andrew Cohen äußerte dazu: »Die kanadische Identität ist so schwer fassbar wie der *Sasquatch* [der kanadische Yeti, M. F.] oder der *Ogopogo* [ein mythisches Seeungeheuer im Okanagan Lake in British Columbia, M. F.]. Generationen von Staatsmännern, Historikern, Schriftstellern, Künstlern, Philosophen und der *National Film Board* wurden davon gleichermaßen angeregt wie frustriert. Kanada widersteht einer einfachen Erklärung.« In der Zwischenzeit behilft man sich mit Pragmatismus und Humor. So wie der Schriftsteller und Künstler Douglas Coupland, der in Vancouver ein spektakuläres *Canada House* einrichtete, eine mit Kanadiana vollgestopfte selbstironische Haus-Installation, deren Entstehungsprozess man in dem sehenswerten Film *Souvenir of Canada* nachvollziehen kann.

Überhaupt sind es der kanadische Humor, die Fähigkeit zur Selbstironie, manchmal auch der Hang zur Selbstunterschätzung, die dieses Land und seine Bewohner so sympathisch machen. Nur mit einem sind wir niemals ganz warm geworden – und es besteht auch kaum Hoffnung, dass sich dies in absehbarer Zeit ändern wird: Der Winter kann jenseits des Atlantiks tatsächlich unerträglich kalt und lang sein. Schon der französische Entdecker Jacques Cartier vermutete deshalb im 16. Jahrhundert, dass dies das Land sein müsste, das Gott zur Strafe an Kain gegeben hätte. Doch auch diese Last meistern die Kanadier mit Humor, Langmut und Erfindungsreichtum. Kanada ist, in der Tat, eines der *coolsten* Länder der Welt.

Berlin, September 2012   Marcus Funck

Kontinent Kanada

Raum, Geografie und Klima – eine kurze Vermessung

Es ist mit knapp zehn Millionen Quadratkilometern Fläche das zweitgrößte Land der Erde und bedeckt damit ungefähr die Hälfte Nordamerikas, verfügt mit fast 250 000 Kilometern Länge über die längste Küstenlinie weltweit und umfasst sechs Zeitzonen. Der lateinische Wahlspruch Kanadas *A Mari Usque Ad Mari* (Von Meer zu Meer) untertreibt sogar, denn zählt man die Arktische See hinzu, ist Kanada von drei Weltmeeren – und im Süden von einer Weltmacht – umschlossen. Um Kanada angemessen verstehen zu können, muss man erst einmal die schier unvorstellbare Ausdehnung des Landes zu begreifen versuchen.

Neben eigenen Reiseerfahrungen – oft mussten wir feststellen, dass die wenigen Zentimeter auf der Landkarte eben nicht auf Nähe im europäischen Verständnis hinwiesen – helfen einige kursorische statistische Vergleiche mit dem beschaulichen »Alten Kontinent«. Die Distanz zwischen den am weitesten voneinander entfernt liegenden bekannteren Großstädten Kanadas etwa, Halifax an der Atlantik- und Vancouver an der Pazifikküste, beträgt über 6000 Kilometer oder sechs Flugstunden und ist damit nur unwesentlich geringer als die zwischen Frankfurt am Main und Halifax. Man kann das Land allerdings auch auf dem Trans-Canada-Highway von Ost nach West durchqueren, der mit seinen über 8000 Kilometern eine der längsten Straßen der Welt ist. Als längste benannte Straße der Welt im *Guinness-Buch der Rekorde* verzeichnet ist mit fast 2000 Kilometern die Yonge Street, die (nahezu ununterbrochen) unter gleichem Namen von Downtown Toronto nach Rainy River an der Grenze zum US-Bundesstaat Minnesota verläuft. Die flächenmäßig größte Provinz Quebec ist ungefähr so groß wie Deutschland, Frankreich und Spanien zusammen, hat aber nur gut ein Dreißigstel der Einwohner. Noch verstärkt wird die

Weite Kanadas durch die relativ niedrige Bevölkerungszahl, vor allem aber durch die extrem ungleiche Verteilung der Bevölkerung im Raum. Von den etwa 35 Millionen Kanadiern leben vier Fünftel in einem etwa 150 Kilometer schmalen Streifen entlang der kanadisch-amerikanischen Grenze und des Sankt-Lorenz-Stromes. Für manchen vielleicht überraschend, hat Kanada auch einen der höchsten Verstädterungsgrade der Welt. Nahezu neun von zehn Kanadiern leben in Städten, der Großteil von ihnen in Großstädten und sogenannten Metropolregionen. Die Einwohner der drei größten Metropolregionen des Landes, Toronto, Montreal und Vancouver, zusammengerechnet, ergeben ein Drittel der Gesamteinwohnerzahl Kanadas, und fast zwei Drittel der Einwohner Kanadas leben in den südlichen Landesteilen von Ontario und Quebec. Weite Teile des Landes erscheinen oder sind unbewohnt, in den nördlichen Teilen der Provinzen kann man stundenlang mit dem Auto fahren, ohne Kontakt mit der Zivilisation zu haben, und in den drei Territorien, die etwa 40 Prozent der Fläche Kanadas ausmachen, leben gerade einmal etwas mehr als 100 000 Menschen. Kein Kanadier würde angesichts der Menschenmaß überschreitenden Raumdimensionen auf die Idee kommen, die Entfernung bei einer längeren Reise in Kilometern anzugeben. Man misst Entfernungen in Auto- oder in Flugstunden, was aufgrund der Straßenverhältnisse gerade im Norden auch ratsam und weitaus verlässlicher ist.

So groß das Land ist, so vielfältig sind auch seine Landschaften und deren Nutzungsmöglichkeiten. Unwirtlichen Räumen im arktischen Norden stehen endlos erscheinende Kornfelder in den *Prairies* gegenüber. Das südliche Ontario, die bedeutendste Weinbauregion des Landes, gilt als Obstgarten Kanadas, während etwa 200 Kilometer nördlich die endlosen Wald- und Seenlandschaften beginnen. Auch die beiden Küstenregionen könnten unterschiedlicher nicht sein – im Osten die kargen Felslandschaften am Atlantik, im Westen hinter der eindrucksvollen Kulisse der Coast Mountains eine üppige, manchmal geradezu liebliche Küstenlandschaft. Dazwischen liegt das gewaltige Gebirgsmassiv der Rocky Mountains. Hinzu kommen die über die Weite des Raumes verteilten und scheinbar unerschöpflichen Süßwasser-Reservoirs und Bodenschätze, deren

Erschließung insbesondere im arktischen Norden noch gar nicht richtig begonnen hat. Kanada, mit seinen etwa zwei Millionen Seen und unzähligen Flüssen, verfügt über knapp 20 Prozent des weltweiten Süßwasservorrats, es werden gigantische Erdöl- und Gasvorkommen unter dem allmählich freiwerdenden Eis vermutet, und bereits seit über einem Jahrhundert werden über ganz Kanada verstreut bedeutende Erz- und Metallvorkommen ausgebeutet.

Wenig verwunderlich, umfasst Kanada auch klimatisch eine enorme Spannbreite, die von gemäßigtem Klima im Süden bis zum Polarklima in der Arktis reicht. Bekanntermaßen kann es in Kanada sehr kalt und sehr schneereich werden. Die tiefste auf kanadischem Boden, im Yukon Territory, jemals gemessene Temperatur beträgt 63° Celsius unter Null, und auch in den Großstädten des Ostens können die Tiefsttemperaturen im Winter auf bis zu minus 30° Celsius fallen. Weniger bewusst dürfte dem Mitteleuropäer sein, dass es insbesondere in den Prairie-Provinzen auch extrem heiß werden kann. In Saskatchewan wurden schon einmal 45° Celsius gemessen, und die gesamten *Prairies* von Manitoba bis Alberta leiden unter zunehmendem, zum Teil von Menschen gemachtem Wassermangel, der sich auch zu regelrechten Dürren ausweiten kann. Auch die Temperaturunterschiede können enorm sein. Toronto oder auch Montreal, eigentlich durch ein vergleichsweise gemäßigtes Klima günstig gelegen, können im Sommer regelrechte Hitzewellen von mehreren Wochen über 30° Celsius erleben, im Winter allerdings auch lange Perioden eisigen Frostes. Doch sind solche Schwankungen noch angenehm gegenüber dem kontinental geprägten Klima in den *Prairies,* wo im Winter der berüchtigte *wind chill factor* die Temperaturen auch bis zu minus 40° Celsius sinken lassen kann.

Weite Gegenden Kanadas versinken im Winter geradezu im Schnee. Quebec Stadt wirbt nicht ganz zu Unrecht damit, *la Capitale incontestée de l'hiver* (»die unangefochtene Winterhauptstadt«) zu sein. Hüfthohe Schneemengen auf den Gehsteigen und, wenn nicht geräumt, auch auf den Straßen, auf Parkplätzen zu kleinen Bergen zusammengeschobene Schneemassen (die dann auch erst im Mai zusammengeschmolzen sein werden) oder die regelmäßig übers Land ziehenden *blizzards* erinnern einen an die längste Jahreszeit des Landes und lassen den Respekt vor der Aufbauleistung der Kanadier noch weiter wachsen.

Wiederum andere Extreme bieten die regenreichen Küstenregionen. Wenn man einen *Vancouverite,* einen Einwohner Vancouvers, hochnehmen möchte, bietet die Frage nach dem Wetter eine gute Gelegenheit dafür, da es dort im Zweifelsfall regnet. Trotz des Regens ist Vancouver übrigens die kanadische Hochburg der Obdachlosen, da es die einzige Großstadt des Landes ist, in der es sich sommers wie winters im Freien überleben lässt. In einigen Orten von British Columbia übersteigt die Niederschlagsmenge im Tagesdurchschnitt den Monatsdurchschnitt der regenreichsten Gebiete Deutschlands um das Vierfache. Das mag für den Besucher unangenehm sein, doch hat das dortige Klima mit dem Great Bear Rain Forest einen der größten Regenwälder der gemäßigten Breiten entstehen lassen, der immerhin eine Fläche von der Größe Österreichs einnimmt.

In seiner naturräumlichen Ausdehnung sowie in seinen klimatischen Bedingungen ist Kanada ein Land der Superlative, das die europäische Vorstellungskraft mitunter überfordert. Die Erfahrungen von Größe und Weite, von Naturvielfalt und Naturreichtum und dessen scheinbarer Unerschöpflichkeit, aber auch von Entbehrung und Härte haben natürlich ihre Spuren im »mentalen Haushalt« der Kanadier hinterlassen, selbst bei denen, die erst vor kurzem in das Land eingewandert sind. Ohne einem Natur-Determinismus das Wort reden zu wollen, prägen diese Erfahrungen zahlreiche Einstellungen, Perspektiven und Verhaltensweisen, von denen in diesem Buch unter anderem die Rede sein wird. Alles, was in Kanada an staatlicher und gesellschaftlicher Organisation oder an technischer Infrastruktur existiert, ist der Natur über Jahrhunderte abgetrotzt worden. Es ist den Menschen nie einfach gemacht worden, vermutlich auch ein Grund, weshalb die Kanadier sich in Umfragen so gern als bodenständig und bescheiden, fleißig und diszipliniert einschätzen und weshalb der Staat und staatliches Handeln im Unterschied zu den Nachbarn im Süden trotz aller gegenläufiger Tendenzen von der Mehrheit der Kanadier noch immer als etwas Positives gedeutet werden.

Vom Kolibri zum Grizzly – ein Streifzug durch die kanadische *wilderness*

Die Naturerfahrungen, die Kanada bietet, versetzen insbesondere europäische Besucher immer wieder in Erstaunen und Entzücken. Die Mehrzahl der Touristen strömt aus eben diesem Grund in den Sommermonaten in die Nationalparks oder dorthin, wo die Wildnis tatsächlich noch wild und auch nicht ganz ungefährlich ist. Es ist dieses (Gegen-)Bild des unermesslich großen, weitgehend unberührten und daher intakten Naturraumes, das zivilisationsgeschädigte Städter fasziniert und von Jahr zu Jahr nach Kanada lockt. Dass dieses Bild einen realen Bezugspunkt hat, steht außer Frage. Dem großen kanadischen Literaturtheoretiker und -kritiker Northrop Frye galt die aus der unmittelbaren Erfahrung der Wildnis entstandene Furcht vor der ungezähmten Natur als ein konstitutives Element kanadischer Literatur und Identität, das er als *garrison mentality* bezeichnete. Danach seien kanadische Kultur und Weltwahrnehmung durch einen verängstigten Blick nach außen und die Bildung metaphorischer Mauern gegenüber der als feindlich verstandenen äußeren Welt geprägt. In Anschluss daran hat auch Margaret Atwood einige ihrer literaturkritischen Arbeiten dem kanadischen Mythos der *wilderness* gewidmet und dabei die kanadischen Vorstellungen von Überleben und Wildnis in Literatur und Malerei messerscharf seziert. Und doch hat es nur bedingt etwas mit den Realitäten modernen Lebens in Kanada zu tun, ist es ein kulturell begründetes, zum Teil gar konstruiertes Bild vom »wilden Kanada«, was gelegentlich zu Missverständnissen und Irritationen auf beiden Seiten führen kann.

Was die abenteuerlustigen und nach freier Natur lechzenden Besucher aus Europa betrifft, fangen spätestens hier die Irritationen an: Eine deutsche Fluggesellschaft bietet in den Sommermonaten Direktflüge nach Whitehorse im Yukon an – ein kleines Nest im kanadischen Nordwesten, das wenig zu bieten hat, aber als Ausgangspunkt für sündhaft teure Natur- und Jagdreisen genutzt wird. Für einen bis zu fünfstelligen Betrag kann man sich von örtlichen Führern bereits verzollte Bären vor die Flinte treiben lassen, was unter den Einheimischen zwar für Kopfschütteln und mitunter auch leisen Protest sorgt, im Großen und Ganzen als unaufwendige touristische Einnahmequelle hingenommen wird. Das eindrucksvollste Beispiel für eine kulturell bedingte unterschiedliche Lesart von Natur und Wildnis bietet die Wahrnehmung und politische Verwertung der jährlichen Robbenjagd, in Europa als »Robbenschlachten« bekannt. Die überwältigende Mehrheit der Kanadier hat mit der Jagd nach Robben eher wenig am Hut, entsprechend gering war bis vor einigen Jahren die Aufmerksamkeit, die dem Thema dort gewidmet wurde. Es waren Tierschutzorganisationen und einzelne Prominente wie Brigitte Bardot oder Paul McCartney, die durch spektakuläre Inszenierungen die Fangmethoden der Robbenjäger in den Blickpunkt der europäischen Öffentlichkeit rückten. Seitdem ist über den Umgang mit Robben ein handfester Streit zwischen Kanada und der Europäischen Union entbrannt, der 2009 in einem von der EU verhängten Handelsverbot für Robbenfelle und andere Robbenprodukte eskalierte und damit den Abschluss des Freihandelsabkommens zwischen der EU und Kanada ernsthaft zu gefährden schien. Zwar nahm das EU-Verbot die Inuit und deren in der Tat wenig appetitlichen traditionelle Fangmethoden ausdrücklich von dem Verbot aus, doch rief es, verstanden als Einmischung in innere kanadische Angelegenheiten, einen Sturm der Entrüstung in der kanadischen Medienöffentlichkeit hervor. Selbst die damalige Generalgouverneurin, die in Haiti geborene Michaëlle Jean, ließ es sich nicht nehmen, mit dem öffentlichen Verzehr von bluttriefendem Robbenfleisch gegen die europäische Politik zu protestieren. Es gibt in der Tat gute Gründe gegen die brutalen Fangmethoden der Robbenjäger vorzugehen, doch vernachlässigten die Europäer einige bedeutende Fakten und Aspekte der Robbenjagd. Die industrialisierte Robbenjagd ist eine europäische Erfindung des 19. Jahrhunderts, die einige Arten an den Rand des Aussterbens brachte, während die kanadische Robbenjagd der Gegenwart durch die Regierung streng reguliert und mittels Fangquoten den jeweiligen Bestandszahlen angepasst wird. Eine scharfe Grenze zwischen traditioneller und industrieller Robbenjagd wird sich ohnehin kaum ziehen lassen. Ihre ökonomische Bedeutung ist nahezu unerheblich, doch in lokalen Kontexten, insbesondere der darbenden Fischereiwirtschaft in Neufundland, ist sie eine zusätzliche Nebenerwerbsquelle. Ein

Wirtschaftsboykott träfe daher ohnehin bereits strukturschwache Regionen, denn in den Finanz- und Handelszentren des Landes kennt man Robben nur aus den Medien und von Urlauben her. Weiterhin irritiert viele Kanadier die Tendenz zur Anthropologisierung der »kanadischen Robbe«, wie sie in vielen Bildern zum Ausdruck kommt. Wenngleich die Jagd auf *whitecoats*, die Robbenbabys mit dem weißen Pelz, auch in Kanada bereits seit 1987 verboten ist, tauchen in den Medien immer wieder Bilder von ebendiesen mit schwarzen Knopfaugen auf. Robben werden quasi als Artverwandte von Knut dem Eisbären in einen menschlichen Kontext gestellt, der aus moralischen Gründen das »Schlachten« schlichtweg untersagt. Solche Zusammenhänge werden bei der europäischen industriellen Fleischproduktion nicht hergestellt. Zudem sind in europäischen Schlachthöfen Bildaufnahmen meist verboten. Dies soll beileibe nicht als Plädoyer für die Robbenjagd verstanden werden, sondern als Anregung, wie verschieden Natur und unser Verhältnis zu ihr gedacht werden kann – und welche Missverständnisse mit politischen Implikationen daraus resultieren können. Kanadier, in der Mehrzahl wahre Outdoor-Freaks, lieben, ja verehren die Natur, mit der sie so reichhaltig gesegnet sind. Sie haben seit mehr als 100 Jahren mit der Einrichtung einer Vielzahl von *National* und *Provincial Parks* großräumige Schutzzonen geschaffen, mit einer Vielzahl von Tier- und Naturschutzorganisationen ein vorbildlich arbeitendes Netzwerk an Institutionen eingerichtet und die nördlichen Territorien (und damit auch deren naturräumliche Umgebung) in die Selbstverwaltung der Ureinwohner entlassen. Das aber schließt deren Nutzung und, im eigenen Interesse verantwortungsvoll gestaltete, Ausbeutung, damit aber auch Widersprüche und Konflikte nicht aus.

Mein »wildes Kanada« begann vor der Haustür. Denn auch dort kennt man das Phänomen der Rückeroberung des städtischen Raumes durch die Natur. Dieses setzt ein mit den Millionen von *squirrels*, welche die Städte bevölkern. Darüber hinaus lebten in unserer kleinen Straße in Toronto neben den üblichen Kleintieren mehrere Waschbärenfamilien – nahezu jeder Haushalt beherbergt eine eigene irgendwo auf dem Grundstück und wird von deren Geschick im Umgang mit Mülleimern geplagt – Opossums, ein Fuchs, ein Stinktier und alle erdenklichen Arten von Möwen. Im Sommer wanderten in unüberschaubaren Mengen Monarchfalter aus dem Süden ein, die sich auf den eigens für sie gepflanzten *butterfly bushes* niederließen. Die Vielfalt der Vogelwelt ist atemberaubend. Während der schwülheißen Sommermonate schwirren in den waldigen Gebieten Ontarios oder British Columbias sogar Kolibris um die überall aufgehängten, mit Zuckerwasser aufgefüllten, grellbunten Futterhäuschen. In einzelnen Vororten und Parks von Toronto sind wieder Kojoten ansässig geworden, die gern kleinere (Haus-)Tiere anfallen. Doch im Unterschied zum Umgang der bayerischen Landesregierung mit einem »Problem-Bären« entschied der Stadtrat von Toronto, die Kojoten nicht zum Abschuss freizugeben. Stattdessen bietet die Stadt einen sehr informativen Service über *Widlife in the City* an – man kommt beim Lesen aus dem Staunen nicht mehr heraus. Die größte städtische Plage ist allerdings ein kleines Insekt: Im Land der Holzhäuser können Termitenstaaten über Wohl und Wehe einer Immobilie entscheiden, und die jährliche Hausinspektion durch einen Kammerjäger kann eine weise Investition sein!

Weiter draußen auf dem Land erwartet einen eine einzigartige Tierwelt, die im Sommer vom Kolibri bis zum Bären reicht. Dazwischen liegt eine ganze Welt, die in ihrer Einzigartigkeit wohl nur mit dem Kanu erfahrbar ist! Dabei erfährt man allerdings auch von den akuten Gefährdungen und von den Risiken, die aus dem Zusammentreffen von Mensch und Natur entstehen können. Der Bär in all seinen Erscheinungsformen vom Schwarz- und Braunbären über den Grizzly- bis hin zum Eisbären bietet dafür das beste Beispiel. Gewöhnlich gehen Mensch und Bär sich aus dem Weg, doch die vor allem im Norden schon deutlich spürbaren Folgen des Klimawandels treiben die Bären auf ihrer Suche nach Nahrung in die Nähe menschlicher Siedlungen, wo sie, einmal in Kontakt mit der Zivilisation gekommen, nur schwerlich zum Fortgehen bewegt werden können. Berühmt geworden als *polar bear capital of the world* ist die kleine Ortschaft Churchill südwestlich der Hudson Bay, wo Einheimische und Wissenschaftler ein »Eisbären-Gefängnis« angelegt haben, um Hunderte von verirrten Eisbären einzufangen und mit Beginn des Winters mit Helikoptern tausend Kilometer

weiter nördlich auszusetzen. Es gibt allerdings auch d[...]
Typus des *urban bear*, der sich bevorzugt in der Nähe v[...]
kippen auf dem Lande aufhält und dort eine Art *couch*
lifestyle lebt. Mehrfach sind wir solchen Bärenfamilie[...]
net, die sich träge und übergewichtig auf dem Müllplatz be-
quem eingerichtet hatten. Als bei der ersten dieser Begegnungen
sich keiner von uns aus dem Auto wagte, um den Müll in die
vorgesehenen Container zu werfen, trat der kanadische Auf-
seher an unser Auto, griff sich die Müllsäcke und bemerkte trocken: » *You're European, eh?* «

Schließlich gibt es noch jene zumeist entlegenen Orte, die
atemberaubende Naturspektakel bieten: *whale watching* vor
der Küste Neufundlands zwischen Mai und September, *bird
watching* am Point Peele am Eriesee zu Zeiten der Vogelwande-
rung oder auch unmittelbare Begegnungen mit den majestätischen Grizzlys etwa im Banff National Park. Diese Naturräume
sind für Kanada gleich mehrfach bedeutsam, sind sie doch auch
für die Einheimischen geradezu mythische Orte und eine nicht
zu unterschätzende touristische Einnahmequelle. Die Größe
des Landes ist sicherlich kein Nachteil, aber im Großen und
Ganzen hat Kanada durch das hervorragende System von Na-
tional- und Provinzialparks eine gute Balance zwischen diesen
beiden Polen gefunden. Eine Ausnahme von der Regel bilden
die Niagarafälle, die wohl berühmteste Touristenattraktion Kanadas. Dabei handelt es sich eigentlich um drei Wasserfälle, von
denen die Horseshoe Falls auf kanadischer Seite die beeindru-
ckendsten sind. Der ohrenbetäubende Lärm des »donnernden
Wassers«, so die Bedeutung des Namens, liegt einem schon vor
Ansicht der Wasserfälle in den Ohren. Der Wind treibt die
Gischt bis in die Stadt hinein, und manchmal scheint es gar zu
regnen. Man kann hinter den Wasserfällen durchlaufen, man
kann sehr nah an sie heranfahren. Doch sollte man wissen, dass
das herabstürzende Wasservolumen per Knopfdruck gesteuert
und den Besucherzahlen angepasst wird. Der unmittelbar angrenzende Ort gleichen Namens wurde zu einer Mischung aus
Disneyland und Las Vegas *à la Canadien* entwickelt: Filialen
sämtlicher Fast-Food-Ketten Nordamerikas finden sich dort
ebenso wie Spielcasinos, Vergnügungsparks oder Hotelburgen
mit unzähligen *honeymoon suites*. Die Stadt bezeichnet sich

selbst gern als *honeymoon capital of the world,* und schon Jérôme Bonaparte, der Bruder Napoleons und spätere König von Westphalen, soll einen Teil seiner Flitterwochen dort verbracht haben.

Die kanadische Fauna ist auch fest in der nationalen Symbolik eingeschrieben. Auf Münzen und Geldscheinen, Wappen und Emblemen sind vor allem Biber und Seetaucher, Bären und Elche abgedruckt. Bemerkenswert ist die Omnipräsenz des possierlichen Bibers, gerade im internationalen Vergleich, wo sonst in vielen Varianten Adler, Drachen oder andere Jäger Macht und Herrschaft repräsentieren. Der Biber hingegen, eine Referenz an die frühere Bedeutung des Pelzhandels in Kanada, gilt als ein friedlicher und unermüdlich fleißiger Überlebenskünstler. Treffend bemerkte Margaret Atwood einmal, dass Kanada eine Nation sei, die auf toten Bibern aufgebaut wurde. Nicht alle Kanadier sind jedoch glücklich mit dem nationalen Wappentier, das als ängstlich und suizidal veranlagt gilt. Erst kürzlich forderte – bislang erfolglos – die konservative Senatorin Nicole Eton, die »Ratte mit dem Zahndefekt« durch den »starken, majestätischen und mutigen« Eisbären zu ersetzen. Der Seetaucher hat der Ein-Dollar-Münze, dem *Loonie,* seinen Namen gegeben, Eisbär und der in Kanada südlich der Arktis so zahlreich vertretene Elch sind auf weiteren kanadischen Münzen abgebildet. Auch ist die kanadische Tierwelt fest in der populären Alltagskultur verankert. In Kunst, Literatur, Film und Fernsehen spielt sie kontinuierlich eine bedeutende Rolle. Die kanadische Filmindustrie ist berühmt für ihre vielfach international ausgezeichneten Naturdokumentationen. Und natürlich profitiert auch die Werbeindustrie von der Bekanntheit und Beliebtheit dieser Tiere. Es gibt eigentlich kaum eine Werbekampagne, die ohne Biber, Eisbären oder Elche auskommt, und einige der bekannteren kanadischen Unternehmen oder auch Sportteams wie die Baseballmannschaft der Toronto Blue Jays führen die genannten Tiere in ihrem Signet, um so nicht zuletzt ihre nationale Zugehörigkeit zu demonstrieren und Identifikationsmöglichkeiten herzustellen.

Von Meer zu Meer zu Meer – Kanadas Regionen

Wenngleich die Verlockung groß ist, verbietet es sich eigentlich, nach einer kanadischen Nationalkultur zu suchen; zu groß sind die geografischen, historischen, politischen, sprachlichen und die kulturellen Unterschiede zwischen den Regionen. Weil an der einen oder anderen Stelle dieses Buches allerdings doch das Wagnis eingegangen wird, pauschale Bewertungen und Zuschreibungen vorzunehmen, ist es ratsam, gleich zu Beginn die extreme Diversität und Regionalität des Landes zu betonen. Kanada ist ein Bundesstaat, der seinen Provinzen weitreichende gesetzgeberische Freiheiten lässt und ein ebenso ausgeklügeltes wie wackeliges Gleichgewicht zwischen den Interessen des Bundes und den Provinzen sowie den Provinzen untereinander entwickelt hat, das zum Leidwesen vieler in regelmäßigen Abständen neu verhandelt werden muss.

So lassen sich zunächst wohl sechs Großregionen ausfindig machen, die sich in erster Linie an den historisch gewachsenen Provinzgrenzen orientieren – im Westen das durch die Rocky Mountains vom Rest des Landes abgeschirmte British Columbia, die drei Prairie-Provinzen (Alberta, Saskatchewan und Manitoba), Ontario, das mehrheitlich frankophone Quebec, die Atlantikprovinzen mit den *Maritimes* (New Brunswick, Prince Edward Island, Nova Scotia) und Neufundland und Labrador sowie im Norden die drei Territorien (Yukon, Northwest, Nunavut).

British Columbia, zwischen Pazifik und Rocky Mountains gelegen, ist von allen Provinzen am stärksten nach Asien hin ausgerichtet. Dorthin tendiert zunehmend der Schwerpunkt der Handels- und Migrationsströme. Das Handelsvolumen mit China, Japan und Südkorea ist zwar zusammengerechnet nicht größer als das mit den USA, doch deuten die Wachstumsraten eindeutig auf eine verstärkte Ausrichtung auf den asiatischen Markt hin. Geschätzte 20 Prozent der Bevölkerung Vancouvers sind chinesischer Abstammung, hinzu kommt noch eine unbekannte Zahl vor allem von Hongkong-Chinesen, die in Vancouver Eigentum besitzen, ohne dort zu leben. Trotz aller Bemühungen um Diversifikation ist noch immer die rohstoffverarbeitende Industrie (in erster Linie Holz- und Papierindustrie) hauptsächlicher Wirtschaftsmotor der Provinz. Ungeachtet der früher geradezu brutalen Kahlschläge der Holzindustrie ist die Provinz noch immer von riesigen Wäldern und einer sehr lebendigen indianischen Kultur geprägt, die auch zunehmend mehr Repräsentanz und Partizipation in der Öffentlichkeit gewinnt. Politisch ist die Provinz eher linksliberal orientiert, und seit jüngster Zeit gilt sie als eine Hochburg der kanadischen Grünen.

Die benachbarten Prairie-Provinzen entstanden aus Rupert's Land, das lange im Besitz der Hudson's Bay Company war. Sie sind Teil der *Interior Prairies*, die sich von den Rocky Mountains bis zu den Großen Seen erstrecken und erstens weitgehend flach und zweitens tatsächlich von Prärie mit wenigen Bäumen und kontinuierlichen Strauch- und Graslandschaften bedeckt sind. Während Manitoba, die östlichste der Prairie-Provinzen, bereits 1870 Teil der Kanadischen Konföderation wurde, wurden Saskatchewan und Alberta erst 1905 als Provinzen gegründet. Seit ihrer infrastrukturellen Durchdringung durch den Bau der *Canadian Pacific Railway* und der Ansiedlung von Bauern vor allem aus Mittel- und Osteuropa galten die *Prairies* als Kornkammer und Fleischreservoir Kanadas. Doch seit dem Zweiten Weltkrieg hat sich Alberta durch die Erschließung umfangreicher Ölvorkommen in eine ganz eigene Richtung entwickelt, die auch eine besondere wirtschaftliche und kulturelle Nähe zu den USA einschließt. Von politischer Bedeutung ist die traditionelle Stärke linker wie rechter populistischer Bewegungen, welche die Eigenständigkeit der Provinzen gegenüber dem Bundesstaat und die kulturellen Eigenheiten des Westens gegenüber den politischen Eliten im Osten des Landes betonen.

Ontario kann in vielerlei Hinsicht als das Kernland des britisch geprägten Kanadas gelten. Es ist die mit Abstand bevölkerungsreichste sowie am stärksten industriell durchdrungene Provinz, und auf ihrem Gebiet liegen mit Toronto das unangefochtene Wirtschafts- und Finanzzentrum des Landes und mit Ottawa die Hauptstadt Kanadas. Im Norden von der Hudson Bay und im Süden von den Großen Seen begrenzt, gibt es allein in Ontario etwa 250 000 Seen, die durch weitläufige Fluss- und Kanalsysteme miteinander verbunden sind. Während der an

Bodenschätzen reiche Norden über ein Jahrhundert lang und zum Teil bis heute vom Rohstoffabbau lebte, dominiert im Süden neben Handel und Finanzen vor allem die Industrie. Mittlerweile werden in Ontario mehr Autos produziert als im benachbarten Michigan, dem Zentrum der US-amerikanischen Automobilindustrie. Trotz bedeutender Fortschritte bei der Umstrukturierung der Wirtschaft (u. a. durch Ansiedlung von Unternehmen in den Hochtechnologien) ist Ontario nicht mehr der alleinige Wirtschaftsmotor Kanadas, sondern mittlerweile gar auf Transferzahlungen aus anderen Provinzen angewiesen. Da Ontario über ein Drittel der Sitze im Bundesparlament verfügt, sind politische Entscheidungen gegen die Provinz so gut wie unmöglich. Längst hat sich deshalb insbesondere im Westen Widerstand gegen die politische Dominanz Ontarios formiert, während der Gegensatz zum frankophonen Quebec (auch Ontario besitzt eine signifikante französischsprachige Minderheit) sich in der jüngeren Gegenwart stark abgeschwächt hat.

Aus der Reihe der Provinzen sticht wie ein erratischer Block Quebec hervor, der nordöstlich an Ontario angrenzende Teil des ehemaligen *Nouvelle France. La belle province* nimmt in Kanada in fast jeder Hinsicht eine Sonderrolle ein. War die französischsprachige Mehrheit bis in die 1960er Jahre von der britisch-kanadischen Herrschaft (und den konservativen französischsprachigen Eliten) weitgehend von der Teilhabe an der Herrschaft ausgeschlossen gewesen, so ist umgekehrt während der letzten 50 Jahre ein Prozess der Französisierung eingeleitet worden. Nach langem Kampf um mehr Autonomie (bis hin zur Unabhängigkeit) ist Quebec mittlerweile als »eigenständige Nation innerhalb eines geeinten Kanadas« anerkannt. Die wirtschaftliche Basis der Provinz war bis weit ins 20. Jahrhundert hinein die Landwirtschaft, die noch heute eine weitaus größere Bedeutung als in anderen Provinzen hat. Gigantische Infrastrukturprojekte, insbesondere in der Energieerzeugung und im Transportwesen, bildeten die Grundlage für die umfassende Modernisierung der Wirtschaft Quebecs, die in der Gegenwart von wissensbasierten Hochtechnologien und dem Dienstleistungssektor geprägt ist. Im Unterschied zum restlichen Kanada orientiert sich Quebec kulturell und teilweise auch politisch vornehmlich nach Frankreich. So hat die Provinz die höchste Staatsquote und den am besten ausgebauten Sozialstaat des Landes, was aufgrund des kanadischen Transferzahlungsprinzips (vergleichbar dem deutschen Länderfinanzausgleich) zu zusätzlichen Spannungen mit den Provinzen im Westen des Landes führt, verfolgt aber auch einen ambitionierten *Plan vert*, den langsamen Umbau hin zur ökologischen Gesellschaft.

Unter dem Begriff *Maritimes* fasst man gemeinhin die atlantischen Provinzen Kanadas zusammen, bei denen – Neufundland und Labrador ausgenommen, das streng genommen auch gar nicht zu den *Maritimes* zählt – zunächst einmal die vergleichsweise geringe Größe hervorsticht. Da die Küstenregionen neben dem Sankt-Lorenz-Strom-Tal die ersten von Europäern besiedelten Gegenden waren, wurden hier kleinteilige Verwaltungseinheiten geschaffen worden, die später als separate Kolonien Teile des britischen Weltreiches wurden. New Brunswick ist die einzige Provinz Kanadas, welche die für den Bundesstaat verfassungsmäßig festgelegte Zweisprachigkeit in die Provinzverfassung übernommen hat, doch sind die *Maritimes* vorwiegend von regional unterschiedlichen britischen Traditionen geprägt. Liegen in den drei südlichen atlantischen Provinzen die Ursprünge der kanadischen Konföderation, Neufundland und Labrador (der Provinzname, der auf die Zusammengehörigkeit von Festland und Insel – *the rock* – verweist, wurde erst 1982 angenommen) trat nach einer Volksabstimmung 1949 bei, so sind sie in der Gegenwart zunehmend an den Rand gedrängt und gelten als ökonomische Sorgenkinder Kanadas. Traditionell vorwiegend vom Schiffsbau, von der Fischwirtschaft und vom Handel innerhalb des britischen Weltreiches abhängig, waren Kanadas Neuausrichtung auf den amerikanischen Markt und im späten 20. Jahrhundert der dramatische Rückgang der Fischbestände vor den Küsten im besonderen Maße verantwortlich für den ökonomischen Niedergang. Insbesondere Neufundland und Labrador leidet zudem unter einem erheblichen Bevölkerungsrückgang, verursacht durch Massenabwanderung auf der Suche nach (besser bezahlter) Arbeit im Westen. Der sehr lebendige Tourismus hat diese Verluste nur bedingt und regional begrenzt auffangen können. Ob kürzlich gemachte Ölfunde vor Neufundland und auch

Nova Scotia den weiteren Niedergang bremsen oder gar umkehren können, bleibt abzuwarten.

Bleiben schließlich die drei Territorien im Norden – Yukon, Northwest und Nunavut – allesamt nördlich des 60. Breitengrades gelegen, die sich von den Provinzen zuallererst in ihrem Rechtsstatus unterscheiden. Während die Provinzen eigenständige gesetzgebende Körperschaften innerhalb der Konföderation bilden, erhalten die Territorien Exekutivgewalt vom kanadischen Bundesparlament zugewiesen. In den letzten Jahrzehnten hat allerdings ein Prozess der *devolution* eingesetzt, der die sukzessive Übergabe administrativer und gesetzgebender Gewalt an die örtlichen Institutionen vorsieht. Aufgrund der geografisch-klimatisch schwierigen Lage werden die Haushalte der Territorien vorwiegend aus Bundesmitteln bestritten. Zwar bemüht sich die kanadische Regierung, Anreize für größere wirtschaftliche Eigenständigkeit der Territorien zu schaffen, doch bestreiten diese über die *Territorial Financing Formula* noch immer mindestens vier Fünftel ihrer regionalen Haushalte. Die Territorien decken 40 Prozent des kanadischen Staatsgebietes ab, doch leben nur weniger als ein Prozent der Bevölkerung dort, von West nach Ost ansteigend vornehmlich Ureinwohner. In Nunavut sind über 80 Prozent der etwa 32 000 Einwohner Angehörige der Inuit. Es ist unwahrscheinlich, dass die Territorien sich in naher Zukunft wirtschaftlich eigenständig entwickeln können, zu unwirtlich sind die Bedingungen, zu groß die Distanzen und zu immens die nötigen Investitionskosten. Doch ist es ebenso fraglich, ob sich die Territorien auf Dauer als Rückzugsgebiete der Ureinwohner im nördlichen Kanada halten lassen. Denn einerseits tendiert die jüngere Generation zur wenigstens temporären Abwanderung in die Städte des Südens, andererseits wecken die durch den Klimawandel vielleicht in einigen Jahrzehnten zugänglichen Bodenschätze schon jetzt ökonomische Begierden.

So weit die konventionelle regionale Gliederung des Landes, die sich noch weiter auffächern ließe. Jedenfalls ist deutlich geworden, dass Kanada nicht als monolithischer Koloss verstanden werden darf, sondern als ein hochdifferenziertes Mosaik. Je genauer man dieses Mosaik betrachtet, desto komplexer, ja verworrener wird es. Einwanderung, Binnenwanderung und

Multikulturalismus haben die ethnischen und sprachlichen Grenzen verwischt und in den Provinzen Enklaven veritablen Umfangs entstehen lassen. Nicht nur in den Großstädten gibt es ethnisch homogen erscheinende Viertel mit eigenständigen kulturellen und sprachlichen Gepflogenheiten, auch in ländlichen Gebieten existieren sprachliche und ethnische Inseln, die eine starre regionale Gliederung des Landes in Frage stellen. Für Kanada hat dies als Konsequenz, dass es einerseits stets ein schwieriges Unterfangen war und bleiben wird, das Ganze als Nation zusammenzuhalten, dass es andererseits aber von einer staatlich und gesellschaftlich gewollten Vielfalt zehrt, die weltweit ihresgleichen sucht.

Das Kanada der Deutschen

Kanada – ein deutscher Sehnsuchtsort?

Kanada zählt zu jenen Ländern dieser Welt, über die wir wenig wissen, aber klare Vorstellungen besitzen. Denn jene speisen sich vornehmlich aus Klischees und Mythen, welche Abenteuerromane, Auswanderer- und Aussteigerfibeln, Natur- und Wildnisschilderungen, Reiseprospekte sowie seit neuestem Auswanderersoaps im Fernsehen in Massenware produzieren.

Die verwendeten Bilder und Geschichten verweisen immer wieder auf die gleichen Stereotype: die Abbildungen von zumeist etwas steif wirkenden, aber freundlichen Vertretern der *Royal Canadian Mounted Police* in roter Uniform und hoch zu Ross, gemeinhin besser bekannt als *Mounties;* die Geschichten von »Naturvölkern« als »edlen Wilden«; die Bezugnahmen auf die endlosen Weiten, zumeist von Wäldern und Seenketten repräsentiert; die Vorstellungen von ungeheurem Reichtum oder, in einer noch seltenen, neueren Variante, die Darstellungen von einer glücklich-friedfertigen, rundum funktionierenden multikulturellen Gesellschaft. Solche Stereotype ziehen sich durch nahezu sämtliche populäre Medien der letzten 100 Jahre. Es muss nicht einmal alles falsch sein, was hier an Kanada-Bildern produziert wird. Doch bleibt nur selten Raum für Differenzierungen, die Rück- und Innenseiten des schönen Kanada werden systematisch ausgeblendet, und das moderne Leben in den kanadischen Metropolen wird jenseits der über Städte-Rankings (bei denen kanadische Städte notorisch gut abschneiden) bezogenen Gemeinplätze weitgehend ignoriert.

Jenseits der besseren Vermarktungsmöglichkeiten solcher positiven Klischees ist eine Ursache auch in dem zu suchen, was den Deutschen zu fehlen scheint und wonach sie sich sehnen. Als ich Anfang der 1990er Jahre als Student nach Kanada ging, war es mir vor allem wichtig, nicht in den USA (aber wohl doch möglichst nah dran) zu sein. Kanada erschien mir als sympathische und lebenswerte Alternative zur Weltmacht im Süden, ohne dass ich sonderlich viel über dieses Land gewusst hätte. Es war der Nachklang der vor bereits einem knappen Jahrzehnt zu Ende gegangenen Ära Trudeau, die Kanada als ein besonders liberales und gegenüber den Machtstaaten widerspenstiges Land erscheinen ließ. Während in den USA eine neue Welle von innerstädtischen Rassenunruhen durchs Land zog und im gerade vereinten Deutschland sich fremdenfeindliche Einstellungen gewaltsam entluden, schien Kanada ein Hort der multikulturellen Friedfertigkeit und nicht nur reich zu sein, sondern auch fürsorglich mit seinen Bürgern umzugehen. Noch immer verfügt Kanada über ein bemerkenswertes Sozial- und Krankenversicherungssystem, das zwar seine offenkundigen Schwächen hat, allerdings auch kein Heer von Ausgesonderten kennt. Ich erinnerte mich bei meiner Wahl an die kleinen, aber gezielten kanadischen Nadelstiche gegen die amerikanische Weltmachtpolitik: die freundschaftlichen Beziehungen zu Kuba, die breite Ablehnung des Vietnam-Krieges, die internationale Kooperations- und Hilfsbereitschaft gerade im humanitären Bereich – man denke an Kanadas spektakuläre Aufnahme von mehr als 50 000 vietnamesischen *boat people* – oder Trudeaus Suche nach der »dritten Option«, die vorübergehend in eine engere Verflechtung mit Europa und Japan zu Lasten der USA mündete. Rückblickend mögen meine Beweggründe, in Kanada und nicht in den USA zu studieren, eher Ausdruck eines naiven Antiamerikanismus denn unmittelbarer Begeisterung für Kanada gewesen sein. Doch modellierte sich Kanada damals noch als störrischer Abweichler im westlichen Bündnis und als Mittler zwischen Europa und Nordamerika, was einer von den Widersprüchen des (in meinem Falle zu Ende gehenden) Kalten Krieges geprägten Generation von Grund auf sympathisch sein musste.

Solche politisch motivierten positiven Klischees spielen in der heutigen Kanada-Wahrnehmung der Deutschen kaum mehr eine Rolle. Allerdings ist die Offenheit und Toleranz der kanadischen Gesellschaft noch immer von besonderer Bedeutung für jene gemischt-ethnischen Paare mit deutschem Hintergrund, die gar nicht einmal so selten sind, denen der hiesige Integrations- und Assimilationsdruck zu hoch ist. In Kanada traf ich nicht wenige Einwanderer der jüngeren Zeit, die, von woher auch immer kommend, irgendwann einmal vergeblich versucht hatten, in Europa Fuß zu fassen. Hier fühlten sie sich willkommener als andernorts und sahen tatsächlich reelle Chancen für sozialen Aufstieg bei gleichzeitiger Bewahrung ihrer kulturellen Orientierungen und Identitäten.

Heute drängen sich stattdessen oft Sehnsüchte nach jenen Spielarten des Naturkonsums in den Vordergrund, die in Europa nicht mehr zu befriedigen sind oder noch nie zu befriedigen waren. Die Spannbreite reicht von der Arktis-Kreuzfahrt über das Helikopter-Skiing in den Rocky Mountains, vom Überlebenstraining in der nördlichen *wilderness* über die Bärenjagd im Yukon bis hin zu Walbeobachtungs- und Robbenrettungstouren an der Ostküste. Kanada hat den großen Vorteil, dass es aufgrund seiner Größe all diese Räume und aufgrund seiner Modernität die nötigen Infrastrukturen zur Nutzung dieser Räume bietet. So kann man im Sommer nonstop von Frankfurt nach Whitehorse fliegen, um von dort eine Kanutour auf dem Yukon River zu starten. Auch die nach alpinen Vorbildern am Reißbrett geplanten Wintersportorte in den Rocky Mountains, am bekanntesten dürften Banff und Whistler sein, bieten gleichermaßen Naturerlebnis wie zivilisatorische Moderne und beweisen zugleich, dass sich hinter der atemberaubenden Schönheit und zum Teil auch Wildheit der kanadischen Landschaften oft eine gewaltige moderne Infrastruktur versteckt. Auch diese kann übrigens eine ganz eigene Schönheit besitzen. Der Beweis: eine Ost-West-Durchquerung des Landes mit der Eisenbahn. Eine Variante deutscher Natursehnsucht ist die Verklärung von »Naturvölkern« und ihrer Mythen. Es gibt eigentlich keine populäre Kanada-Darstellung, die nicht die besondere Naturverbundenheit und Spiritualität der First Nations und Inuit thematisiert. Mitunter wird der Schamanismus als Ersatzreligion betrachtet. Das ist an sich nicht verwerflich, aber oft werden gleichzeitig die massiven sozialen Probleme wie auch die tiefgreifenden kulturellen Wandlungsprozesse der kanadischen Ureinwohner übersehen. So werden gestressten deutschen Lesern auf der Suche nach Authentizität naturreligiöse Praktiken oder Anleitungen zum Bau von Iglus geliefert, während die sich wandelnde Bedeutung dieser angestammten Volkskulturen für die eigentlichen Akteure, die sich inzwischen mit ganz anderen Problemen herumschlagen müssen, weitgehend unterschlagen wird. Hier wird in oft bester Absicht ein Bild vom »edlen Wilden« transportiert, das zwar als Gegenentwurf zur gefühlten Ödnis der westlichen Gegenwartskultur seinen festen Platz gefunden hat, den realen Lebensbedingungen der derart romantisierten Volksgruppen jedoch kaum entspricht.

Neben der Sehnsucht nach freier, grenzenloser Natur speist sich das Kanada-Bild vieler Europäer über Generationen hinweg auch aus Vorstellungen von einem einzigartigen materiellen Reichtum – ein Stereotyp, das umgekehrt übrigens viele Kanadier auch über Deutschland pflegen, weil sie zuvorderst an die High-Tech-Produkte der deutschen Automobilindustrie denken. Im späten 19. Jahrhundert – man denke an den Klondike beziehungsweise Yukon *Gold Rush* von 1897 bis 1899 – knüpften sich daran Hoffnungen auf das schnelle Geld. In der Gegenwart weist der Ölboom im Westen Kanadas (und bald wohl auch vor Neufundland und in den arktischen Gebieten) zumindest teilweise vergleichbare Züge auf. Etwas nachhaltigere Vorstellungen von Reichtum waren verbunden mit der systematischen Besiedlung und Bewirtschaftung der Prairie-Provinzen, wo besonders große und wirtschaftliche Parzellen vorzugsweise an deutschstämmige Siedler vergeben wurden. Solche Reichtumsvorstellungen – die zynische Variante lässt sich selbst im Vernichtungslager Auschwitz aufspüren, wo die Effektenlager, in denen die Wertgegenstände der Häftlinge und Ermordeten aufbewahrt waren, »Kanada« genannt wurden – gründeten auf dem tatsächlich unermesslichen und auch heute bei weitem nicht ausgeschöpften Vorrat an Bodenschätzen und auf der Hoffnung, an dessen Verwertung angemessen partizipieren zu können. Eine andere Variante der Bilder vom reichen Kanada bezieht sich auf die Verteilung des Reichtums im Lande. Sicherlich existieren in Kanada, wie überall in der westlichen Welt, soziale Ungleichheiten, die eher zu- als abnehmen, und profitieren einige Superreiche ungleich mehr als der Durchschnittsbürger, und doch wird Kanada als eine vom Mittelstand geprägte, materiell tendenziell egalitäre Gesellschaft wahrgenommen. Vor allem die ursprünglich eher handwerklich tätigen deutschen Nachkriegseinwanderer haben ein Bild von Kanada geprägt, nach dem man mit ehrlicher Arbeit vielleicht nicht unermesslich reich werden, aber doch zu materiellem Wohlstand und sozialer Anerkennung kommen kann. Auch aus diesem Grund hat sich von Kanada ein Bild verfestigt, das weniger auf die spektakuläre Einzelkarriere in kürzester Zeit als vielmehr auf den kontinuierlichen Erfolg auf bescheidenerem, jedoch abgesichertem materiellen Niveau verweist.

Dieser wahrgenommene Egalitarismus in der kanadischen Gesellschaft ist eng verknüpft mit positiv bewerteten Charaktereigenschaften, die sich in Kanada-Schilderungen immer wieder finden lassen. Die Kanadier werden dann als zwar tendenziell etwas langweilig oder auch staatsgläubig, aber immer auch als extrem friedfertig, hilfsbereit und höflich dargestellt. Aus meinen eigenen Erfahrungen heraus kann ich solchen Einschätzungen nicht widersprechen, doch spiegeln solche Stereotypisierungen auch ein Unbehagen an dem in Deutschland zuweilen etwas rauen Umgang miteinander wider. Sie reflektieren auch die Tatsache, dass Kanada international lange Zeit als Land der Vermittlung und der Kooperation zwischen den Machtblöcken agierte und Krisen im Inneren mehrheitlich ohne Anwendung von staatlicher Gewalt überwinden konnte, wenngleich letzter Punkt im Zusammenhang mit der Bekämpfung der Separatismusbewegung in Quebec nur eingeschränkt zutrifft.

Ein immer wieder gern zitiertes Bonmot von Peter Ustinov, »Toronto is New York run by the Swiss«, dem man allerdings aus vielerlei Gründen nicht zustimmen mag, wenn man einige Jahre in Toronto gelebt hat, greift einerseits das positive Klischee von dem friedfertig-effizienten Zusammenleben in der kanadischen multikulturellen Metropole auf, verweist aber auch auf einen bedeutenden Umstand nahezu sämtlicher gängiger Kanada-Stereotype: Sie wurden mehrheitlich in Kontrast zu enttäuschten oder doch zumindest umgelenkten Vorstellungen von den Vereinigten Staaten von Amerika entwickelt und weniger aus konkreten Kanada-Erfahrungen heraus. Wenn in der Kapitelüberschrift die Frage nach Kanada als einem Sehnsuchtsort der Deutschen gestellt wurde, so kann man diese nicht schlicht mit ja oder nein beantworten, da sie sich von der Frage nach unseren Vorstellungen von uns selbst wie von den USA als das große alternative Modell in Nordamerika ableiten lässt. Die Kanadier haben sich mehrheitlich wohl damit abgefunden, stets im Kontrast zu den USA gesehen und bewertet zu werden – sie befeuern ja zum Teil bewusst den Vergleich –, doch wird diese Sichtweise der besonderen und eigenständigen Geschichte, Gesellschaftsordnung und kulturellen Orientierungen nicht gerecht.

Söldner, Flüchtlinge, *professionals* – die Deutschen in Kanada

Die letzte verfügbare repräsentative Umfrage von *Statcan*, der kanadischen Statistikbehörde, ermittelte 2006 über drei Millionen Kanadier mit deutschen Vorfahren. Damit stellen die Deutschen nach Briten (in der Statistik werden Engländer und Schotten allerdings getrennt aufgeführt), Franzosen, Iren und »Kanadiern« – jene Mehrheit der Befragten, die keinerlei Beziehung zu ihrer ethnischen Abstammung mehr verspürt – die fünftgrößte Bevölkerungsgruppe in Kanada. Die Spannbreite prominenter Kanadier mit deutschen Vorfahren reicht vom langjährigen Premierminister John Diefenbaker über den Architekten Eberhard Zeidler bis hin zu Justin Bieber, als »Deutsche« werden sie in Kanada hingegen so gut wie nicht wahrgenommen.

Dabei galt Kanada lange Zeit nicht als attraktives Einwanderungsland wie beispielsweise die USA, was einerseits an den ungleich härteren Lebensbedingungen, andererseits an der eindeutigen Bevorzugung der Anwerbung von Immigranten aus den Mutterländern Großbritannien und Frankreich lag. Auch stammte die Mehrzahl der deutschen Einwanderer nicht aus den deutschsprachigen Kernländern in Mitteleuropa, sondern aus den ethnisch durchmischten Regionen Mittel- und Osteuropas. Selbst die letzte signifikante Einwanderungswelle von Deutschland nach Kanada unmittelbar nach dem Zweiten Weltkrieg war geprägt von einem hohen Anteil von Flüchtlingen und Vertriebenen aus den deutschen Ostgebieten.

Gleichwohl hatten sich schon im 17. Jahrhundert einzelne deutschsprachige Siedler in *Nouvelle France* niedergelassen, und zur gleichen Zeit etwa waren in schon größerer Zahl deutsche Söldner in der britischen Armee in Nordamerika an der kanadischen Atlantikküste dauerhaft sesshaft geworden. Doch die erste systematische Ansiedlung einer kleinen Zahl von Deutschen auf kanadischem Boden erfolgte Mitte des 18. Jahrhunderts an der Südküste Nova Scotias, wo Großbritannien nach der Einrichtung dieser Kolonie und der Vertreibung der französischsprachigen und katholischen Akadier – so genannt nach der französischen Kolonie Akadien – mittels Anwerbung von *Foreign Protestants* seine Machtposition zu festigen trachtete. Im pittoresken und unbedingt sehenswerten Hafenstädtchen Lunenburg, das 1995 zum Weltkulturerbe erhoben wurde, und seiner Umgebung, etwa eine Autostunde südlich von Halifax gelegen, finden sich Relikte aus der Zeit dieser frühen deutschen Besiedlung, insbesondere Ortsbezeichnungen, Familiennamen und (Kirchen-)Architektur. Eine gelebte deutsche Kultur hingegen existiert dort schon lange nicht mehr.

Die erste große Welle deutscher Einwanderer erreichte Kanada im Zuge des Amerikanischen Unabhängigkeitskrieges. Zwei Gruppen lassen sich unterscheiden: deutschstämmige Loyalisten, die nach Beendigung ihres militärischen Engagements in der britischen Armee in den beiden britischen Kolonien Upper Canada (Ontario) und Lower Canada (Quebec) ansiedelten und, sehr viel zahlreicher, Mennoniten, die aufgrund ihrer pazifistischen Grundhaltung die USA verlassen mussten und sich zunächst überwiegend im südwestlichen Ontario niederließen. Noch heute leben in Kanada etwa 200 000 Mennoniten, die meisten bedingt assimiliert. In dem Städtchen St. Jacobs, etwa zwei Autostunden westlich von Toronto gelegen, erhält man einen Einblick in die faszinierende Mischung aus traditionellem mennonitischen Lebensstil und kanadisch-westlicher Moderne. Straßenschilder warnen vor den langsam fahrenden Kutschen der *horse and buggy Mennonites*, gelegentlich überholt man auch eine und wird Insassen in traditioneller Kleidung – schwarzer Anzug und Strohhut einerseits, langes Kleid und Häubchen andererseits – gewahr. Im Örtchen angekommen, lernt man das Erfolgsmodell der Mennoniten in der Gegenwart kennen. Dort werden auf Märkten oder in zu Verkaufsräumen umgestalteten Scheunen Produkte aus Landwirtschaft, Viehzucht und traditionellem Handwerk angeboten. Das Warenangebot zieht Großstädter auf der Suche nach glaubwürdigen Alternativen zu den auch in Kanada die Supermärkte dominierenden Erzeugnissen der Lebensmittelindustrie an. Gerade an Markttagen werden Menschen zu Tausenden in Besucherbussen herangekarrt, und es herrscht ein touristischer Trubel, der durch die museale Kulisse des Dorfes nur noch verstärkt wird. Nach Jahrhunderten der Verfolgung und Verdächtigung haben die Mennoniten in Kanada ihre Nische gefunden. Sie sind treue Staatsbürger, werden vom Staat in Ruhe gelassen und bedienen bis hin zur *Disneyfizierung* ein wachsendes Bedürfnis des urbanen Kanada nach ländlicher Authentizität.

In unmittelbarer Nähe gelegen, war die Gegend um die heutige Doppelstadt Kitchener-Waterloo das Kernsiedlungsgebiet der Deutschen in Ontario, doch auch in den *Prairies*, vor allem in Saskatchewan und Manitoba, finden sich auch heute noch solche ethnischen Enklaven, die sogenannten *bloc settlements*. Das Besondere an Kitchener ist, dass die Stadt zwischen 1833 und 1916 Berlin hieß, bis sie provokanterweise nach dem englischen Generalfeldmarschall und Kriegsminister im Ersten Weltkrieg Herbert Kitchener umbenannt wurde. Berlin galt als Hauptstadt der Deutschen in Kanada mit einem regen deutschsprachigen Kulturleben. Dieses deutsche Idyll in Kanada endete abrupt mit dem Ersten Weltkrieg, als deutschsprachige Presseerzeugnisse und Heimatvereine verboten sowie eine beträchtliche Zahl politisch Verdächtiger zumeist unbegründet interniert und sozial ausgegrenzt wurden. Zwar findet man noch heute viel Folkloristisches, was einem Deutschen im traditionellen Verständnis lieb und teuer ist – Kitchener wirbt damit, alljährlich eines der größten Oktoberfeste der Welt auszurichten, und im Dezember kann man dort auch einen *Christkindl Market* besuchen –, doch hat die Stadt infolge der antideutschen Repressionen während des Ersten Weltkrieges und der Anpassungsleistungen der deutschen Einwanderer ihre kulturelle Unverwechselbarkeit weitgehend verloren.

Ein dunkles Kapitel der Geschichte deutschsprachiger Einwanderung nach Kanada wurde während der nationalsozialistischen Herrschaft in Deutschland geschrieben. In dem aufsehenerregenden Buch *None is Too Many* wiesen die Historiker

Irving Albella und Trevor Roper in den frühen 1980er Jahren nach, dass Kanada von allen westlichen Staaten die wenigsten jüdischen Flüchtlinge aus Europa aufnahm. Insgesamt waren es nur etwa 5000 Flüchtlinge. Traurige Berühmtheit erlangte das Schicksal der knapp tausend jüdischen Flüchtlinge auf der MS St. Louis, die 1939 unter anderem in Kanada vergeblich um politisches Asyl baten, nach Europa zurückgeschickt wurden und dort zum Teil dem Holocaust zum Opfer fielen. Der Titel des Buches ist aus einer Paraphe des zuständigen kanadischen Ministeriums abgeleitet, nach der eben kein Jude bereits zu viel für Kanada sei. Ursache für diese Zurückhaltung war einmal mangelnde Empathie für die Opfer der Judenverfolgungen in Europa, zum anderen aber auch ein latenter, manchmal auch offen ausgestellter Antisemitismus unter den politischen Eliten im damals noch dominanten kanadischen Osten. Bei der Aufnahme auch deutschsprachiger *Displaced Persons*, staatenlos gewordener Opfer der NS-Besatzungspolitik, nach dem Zweiten Weltkrieg zeigte sich Kanada hingegen großzügig. Einige spektakuläre Enthüllungen nach den 1950er Jahren verweisen jedoch auch darauf, dass bei der Aufnahme nicht immer eindeutig zwischen Opfern und Tätern unterschieden werden konnte. Aufgrund der liberalen Gesetzgebung wurde Kanada auch zum unfreiwilligen Auffangbecken für Kriegsverbrecher der zweiten Reihe oder neonazistischer Aktivisten. So operierte der notorische Holocaustleugner Ernst Zündel von Kanada aus, bis er wegen eines Verstoßes gegen die Aufenthaltsbestimmungen nach Deutschland abgeschoben werden konnte, wo ihm 2005 unter spektakulären Begleitumständen der Prozess gemacht wurde.

Die letzte große Welle deutscher Einwanderung nach Kanada setzte 1950 mit der erneuten Öffnung Kanadas für deutsche Immigranten ein. Schätzungsweise 400000 ethnisch Deutsche, in ihrer Mehrheit Heimatvertriebene aus deutschen Siedlungsgebieten in Osteuropa, siedelten vorzugsweise im westlichen Teil des Landes. Allerdings verließ etwa die Hälfte das Land wieder gen Heimat oder USA, was auf die in den medialen Inszenierungen des Auswanderertraums häufig fehlende Kehrseite der Migration hinweist, die eben nicht immer in Erfolgsgeschichten mündet. Diese *generation of butchers and bakers*, wie ein guter Freund sie gern nennt, arbeitete in ihrer großen Mehrheit als Handwerker, nicht zuletzt im boomenden Baugewerbe, und erhoffte sich einen materiellen wie immateriellen Neuanfang, weshalb sie sich rasch in den kanadischen Mainstream einfügte.

Noch immer wandern jährlich auf einem durchschnittlichen Niveau von etwa 3000 Personen, Rückkehrer nicht eingerechnet, Deutsche nach Kanada ein. Doch hat sich nicht nur die Zahl extrem verringert, sondern auch die Migrationsmuster haben sich verändert. Es sind weniger sozial Benachteiligte, Außenseiter und Abenteurer, die es nach Kanada zieht. Das moderne Kanada ist ein attraktives Einwanderungsland für Akademiker geworden, denen der deutsche Stellenmarkt keine angemessene Perspektive zu bieten scheint. Die kanadischen Immigrationsbehörden und die Privatwirtschaft bemühen sich sehr um die Rekrutierung hochqualifizierter deutscher Wissenschaftler oder Ingenieure, deren formale Abschlüsse im Unterschied zu jenen anderer Immigrantengruppen zumeist problemlos anerkannt werden. Hinzu kommen jene gar nicht so wenigen Mitarbeiter und Manager deutscher Unternehmen, die Kanada aufgrund dessen wachsender Bedeutung als Absatzmarkt für hochwertige Produkte nicht mehr nebenbei von den USA aus beliefern können. Zumeist mit einer zeitlich begrenzten Aufenthalts- und Arbeitserlaubnis ausgestattet, ist es diesen Personen nach einigen Jahren – dauerhafter Arbeitsvertrag, kanadische Verwandtschaftsverhältnisse oder ausreichendes Vermögen vorausgesetzt – möglich, sich als *permanent resident* zu bewerben, ein Status, der nach einer weiteren Wartezeit direkt in die kanadische Staatsbürgerschaft mündet. Viele machen von diesen automatisierten Mechanismen des Staatsbürgerschaftserwerbs Gebrauch, ohne ihre deutsche Staatsbürgerschaft aufzugeben und auch ohne eine lebenslängliche Verpflichtung zum Leben und Arbeiten in Kanada einzugehen. Vielmehr sind sie Vertreter eines neuen Typs transatlantischer Eliten, der je nach Lebens- und Arbeitssituation zwischen den Kontinenten pendelt. Prominentester und gleichzeitig zwielichtigster Vertreter dieser Gruppe dürfte wohl der umstrittene Rüstungslobbyist Karlheinz Schreiber gewesen sein, der durch Bestechungsgelder und wortstarke Enthüllungsandrohungen die konservativen politischen Eliten in Deutschland und Kanada gleichermaßen in Bedrängnis brachte und sich mit Hilfe seiner kanadischen Staatsbürgerschaft und politischen Freunde in Kanada unter Ausnutzung sämtlicher rechtlicher Schlupflöcher der Auslieferung nach Deutschland lange Zeit erfolgreich widersetzte.

Die kanadische Variante der Vom-Tellerwäscher-zum-Millionär-Geschichte repräsentiert allerdings ein Austro-Kanadier. Der in Österreich geborene Frank Stronach wanderte Anfang der 1950er Jahre nach Kanada aus, wo er aus einer Hinterhofwerkstatt einen der weltweit größten Automobilzulieferbetriebe, die Magna International Inc., aufbaute. Geschickt arbeitete Stronach über die Jahrzehnte an einem wirtschaftlichen und politischen Netzwerk, das ihn zu einer unverzichtbaren Größe in Kanada gemacht hat. Dieses Netzwerk war auch seiner Tochter Belinda Stronach sicherlich nicht von Nachteil, als sie sich 2004 um den Vorsitz der Konservativen Partei bewarb, wenngleich sie Stephen Harper unterlag. Einen Skandal mittlerer Größe löste sie aus, als sie nur ein Jahr später, liiert mit dem damaligen konservativen Verteidigungsminister Peter McKay – dessen Vater übrigens einer der engsten Freunde und politischen Schutzpatrone Karlheinz Schreibers gewesen war – mit fliegenden Fahnen zur Liberalen Partei übertrat und gleich zur Ministerin ernannt wurde. Nach einer zwischenzeitlichen Liaison mit dem obligatorischen Eishockeystar und ihrem Rückzug in das väterliche Firmenimperium ist es um die glamouröse Belinda Stronach etwas ruhiger geworden. Doch wäre es nicht verwunderlich, wenn sie sich in der Zukunft auch politisch wieder an prominenter Stelle engagieren würde. Sicherlich ist der unaufhaltsame Aufstieg der Stronachs eine Ausnahme unter den Immigrantenschicksalen. Das daran Spannende und in gewisser Weise Repräsentative ist die relative Offenheit und Durchlässigkeit der kanadischen Eliten. Denn es gibt weitaus mehr unspektakuläre Fälle von *New Canadians* der ersten oder zweiten Generation, die sich rasch zunächst im Wirtschaftsleben und dann im politischen Geschäft etablieren konnten, zumal die *ethnic votes*, die Wählerstimmen der Einwanderer, an Bedeutung stark zugenommen haben.

Eine letzte Gruppe von Deutschkanadiern der Gegenwart sollte nicht vergessen werden. Es handelt sich dabei um jene vermögenden Rentiers, die etwa der Gegend um Halifax gegenüber der heißen Sonne Floridas den Vorzug geben, dort investiert oder ein Anwesen erworben und somit die kanadische Staatsbürgerschaft erkauft haben. Ein aus Halifax stammender Freund berichtet, dass die deutschen Pensionäre in der vom wirtschaftlichem Niedergang gebeutelten Gegend hochgeschätzt seien, da sie im Unterschied zu den zahlreicheren US-Amerikanern zwar Geld in die Region brächten, aber zumeist nur in den Sommermonaten vor Ort seien.

So zahlreich die deutschstämmigen Kanadier auch sein mögen, einen über regionale Enklaven hinausgehenden Einfluss haben sie als Gruppe auf die Entwicklung Kanadas nicht gehabt. Die Ursachen dafür sind vielfältig. Im Unterschied zu den Deutschamerikanern sahen sich die Deutschkanadier immer gleich zwei Mehrheitsethnien gegenübergestellt, deren geteilte gesellschaftliche und kulturelle Dominanz bis in die zweite Hälfte des 20. Jahrhunderts Staatsräson blieb. Hinzu kommt, dass die Deutschen vergleichsweise früh nach Kanada einwanderten und somit zu viele Generationen zwischen heutigen Deutschkanadiern und ihren deutschen Vorfahren liegen, als dass die ethnische Herkunft noch von besonderer Bedeutung sein könnte. Schließlich sei auch darauf hingewiesen, dass es sich bei den Deutschen in Kanada nicht um eine *visible minority* handelt, so dass die kulturellen Grenzlinien zwischen Mehrheit und Minderheit durchlässiger waren, bis sie sich vollständig verwischten. Letztlich haben die Drangsalierungen der Deutschen während der beiden Weltkriege, wobei der Erste Weltkrieg den eindeutig tieferen Einschnitt darstellt, einen vorhandenen Trend nur verstärkt und beschleunigt.

Und doch gibt es ein »deutsches Leben« in Kanada, das einen Besucher aus Deutschland manchmal auch etwas bizarr anmutet. Wer einmal einen deutschen Friedhof am Volkstrauertag besucht, kann sich rasch in die Zeiten der Heldengedenktage zurückversetzt fühlen. In den existierenden, zumeist folkloristischen Heimatvereinen wird mitunter ein Deutschlandbild vermittelt, das bestenfalls an die 1950er Jahre erinnert, und auch die wenigen deutschsprachigen Presseerzeugnisse zeugen nicht immer von Aufgeschlossenheit gegenüber dem Facettenreichtum des gegenwärtigen Deutschland. In meiner *neighbourhood*

gibt es einen mittlerweile 50 Jahre alten deutschen Krämerladen – von zwei reizenden alten Damen geführt –, dessen Warenangebot jenseits von Süßigkeiten und aktuellen Zeitschriften
ebenfalls einen zeitlichen Stillstand im Deutschlandbild der
German-Canadians signalisiert. Die spannendsten deutschen
Persönlichkeiten im Kanada von heute sind von der deutschen
community zumeist losgelöst existierende Einzelkämpfer – Öko-
bauern, Winzer, Wissenschaftler, Jungunternehmer oder Künstler – die es zur Verwirklichung ihres individuellen Traums unter
anderem aufgrund der räumlichen Weite und der gesellschaftliche Toleranz, zeitlich begrenzt oder für immer, nach Kanada
verschlagen hat.

Ferne Freunde – die deutsch-kanadischen Beziehungen

Bei einem Empfang vor einigen Jahren mahnte der deutsche
Botschafter in Kanada, die deutsch-kanadischen Beziehungen
funktionierten so reibungslos und unspektakulär, dass sie ein-
zuschlafen drohten. In der Tat gibt es kaum ein anderes Land,
mit dem in Grundsatzfragen derart große Übereinstimmungen
herrschen, diese aber in beiden Öffentlichkeiten kaum wahrgenommen werden. Aus deutscher Perspektive erschwert natürlich die Dominanz der USA in Nordamerika einen unvoreinge-
nommenen Blick auf Kanada, während für Kanada Europa und
als Teil dessen Deutschland zu lange in den ehemaligen Mutterländern Großbritannien und Frankreich aufging. Trotz der
vielfältigen und eher zunehmenden privaten wie staatlichen
Verflechtungen sowie der sich intensivierenden Berichterstattung übereinander herrscht zwischen beiden Ländern weitgehend noch immer eine Art wohlwollendes Desinteresse.
    Einer politikwissenschaftlichen Studie zufolge hatten Deutsch-
land und Kanada jahrzehntelang die größten Übereinstimmungen bei weltpolitisch relevanten Abstimmungen der Vereinten
Nationen, insbesondere bei Fragen, die um die Bereitstellung
internationaler humanitärer Hilfe und um Menschenrechte
kreisen. Die Gründe dafür lassen sich wohl am ehesten aus der
selbstgewählten Rolle Kanadas als Mittler zwischen Europa

und den USA im westlichen Bündnis herleiten. Im Unterschied zu den USA entstand Kanada ja nicht als Gegengründung zum »Alten Kontinent«, sondern behielt enge Beziehungen zu Europa. Zudem definierten sich Kanada und Deutschland als Mächte zweiter Ordnung, die im Unterschied zu den selbsterklärten Weltmächten den Einsatz von *soft power* bei internationalen Konflikten bevorzugten. Und schließlich verfolgten beide Länder eine moralisch fundierte Außenpolitik. War es in Deutschland die nationalsozialistische Vergangenheit, so war es in Kanada die multikulturelle Gegenwart, die beide Staaten Sonderrollen in der westlichen internationalen Politik einnehmen ließ. Unterhalb der bundesstaatlichen Ebene existieren enge Partnerschaften zwischen kanadischen Provinzen und deutschen Bundesländern. So kooperieren Bayern und Quebec, und auch Baden-Württemberg und Ontario sowie Sachsen und Alberta sind partnerschaftlich verbunden und entwickeln zahlreiche gemeinsame Programme.

Unterhalb der staatlich-politischen Ebene sind die deutschkanadischen Beziehungen vielgestaltig und von einem regen Austausch auf Augenhöhe geprägt. Die Wirtschaftsbeziehungen sind zwar ausbaufähig, doch wachsen (jetzt wieder) stetig. Deutschland ist der fünftgrößte Handelspartner Kanadas. Beispiele für kanadisches Wirtschaftsengagement in Deutschland bieten neben vielen anderen die beiden Flagschiff-Konzerne der kanadischen Hochtechnologie Research in Motion, seit diesem Jahr übrigens mit einem deutschen Manager an der Spitze, und Bombardier. Umgekehrt beliefert die deutsche Automobilindustrie mit zweistelligen Zuwachsraten den kanadischen Markt, und deutsche Unternehmensnamen wie Bosch, Miele oder Stihl stehen geradezu synonym für gesamte Branchen. *Made in Germany* steht in Kanada hoch im Kurs, und es ist vermutlich nur eine Frage der Zeit, wann der wachsende kanadische Markt sich in der Wahrnehmung deutscher Manager branchenübergreifend vom US-amerikanischen Markt emanzipieren wird. Auf wissenschaftlichem Terrain existieren ebenfalls über lange Jahre gewachsene vielfältige Kooperationen, die in zunehmendem Maße von den naheliegenden Feldern gemeinsamer Interessen, etwa in einigen Naturwissenschaften, auch in die Hochtechnologie, etwa die Solarenergieforschung oder Elektrotechnik, übergreifen. Eine Besonderheit im Rahmen der Bildungskooperationen, die auch umfassende Studentenaustausche und Praktikantenprogramme umfassen, stellen die auf beiden Seiten des Atlantiks installierten Regionalzentren dar. So existieren im deutschsprachigen Raum ein gutes Dutzend Kanada-Zentren und in Kanada die finanziell wesentlich besser ausgestatteten Zentren für Deutschland- und Europaforschung, deren satzungsgemäße Aufgabe nicht zuletzt die Wissensvermittlung über den anderen auch an die jeweilige Öffentlichkeit umfasst.

In den letzten Jahren sind das wechselseitige Interesse und die Bereitschaft, einander näher kennenzulernen und voneinander zu lernen, bemerkenswert gewachsen. So engagierte die Provinz Ontario den mittlerweile verstorbenen SPD-Bundestagsabgeordneten Hermann Scheer, einen der Vordenker der Energiewende in Deutschland, als Berater bei der Entwicklung des *Green Energy Act*, einem ambitionierten Plan zur Stärkung erneuerbarer Energien. Umgekehrt vergeht mittlerweile kein Jahr, in dem nicht eine hochkarätige deutsche Delegation nach Kanada reist, um sich über die dortigen Konzepte von Einwanderung und Integration, über Theorie und Praxis der multikulturellen Gesellschaft und über die enormen kanadischen Anstrengungen zur Gewährleistung von gleichen Bildungschancen für alle zu informieren. Dies spiegelt sich nicht zuletzt auch in der zunehmend differenzierten medialen Berichterstattung wider. Spätestens als während der Finanzkrise deutlich wurde, dass Deutschland sich mit einer von den USA und Großbritannien abweichenden Strategie vergleichsweise erfolgreich durch den weltwirtschaftlichen Abschwung manövrierte, interessierten sich die kanadischen Medien zunehmend für »deutsche Themen«. Aufmerksamen kanadischen Zeitungslesern dürften Begriffe wie »Soziale Marktwirtschaft«, »Kurzarbeit« oder »Abwrackprämie«, aber auch »Energiewende« und »Atomausstieg« nicht mehr gänzlich unbekannt sein. Sicherlich versteht der durchschnittliche Kanadier nicht sämtliche Wendungen und Windungen der deutschen Politik, insbesondere der Atomausstieg sorgte für erhebliches Kopfschütteln, doch wird Deutschland zunehmend als Alternativmodell für die vermeintlich alternativlose angloamerikanische Wirtschaftskultur wahrgenommen. Auf der deutschen Seite hinkt die mediale Aufmerksamkeit der Bedeutung Kanadas noch immer hinterher. Doch im Zuge der Einwanderungs- und Integrationsdebatten, aber auch im Zusammenhang mit Bildungsreformen lernt man hierzulande zunehmend, dass das kanadische Beispiel insbesondere auf diesen Feldern in vielerlei Hinsicht durchaus mehr als nur interessante Anregungen liefern kann. Bisheriger Höhepunkt diesbezüglich war wohl die breite mediale Resonanz auf die Verleihung des Bertelsmann-Preises an den *Toronto District School Board* im Jahr 2008 für dessen herausragende Integrationsarbeit im Schulbildungsbereich.

Die engsten Verbindungen zwischen den beiden Ländern sind allerdings privat und entziehen sich einer quantitativen Bewertung. Nach dem Zweiten Weltkrieg bis 1993 verrichteten etwa 300000 kanadische Soldaten ihren militärischen Dienst in Deutschland. Die allermeisten von ihnen kehrten nach Kanada zurück und haben – so meine persönliche Erfahrung – ein überwiegend positives, manchmal gar zu euphorisches Deutschlandbild mit nach Hause genommen. Viele Zufallsbekanntschaften ergaben sich über diese »deutsche Erfahrung« meiner Gegenüber, und einer meiner besten Freunde in Toronto verdutzte mich, als er mir nach einigen Monaten der Bekanntschaft stolz erklärte, dass er, der in Ontario lebende *Québécois*, ja eigentlich gebürtiger Deutscher sei, weil er auf dem Luftwaffenstützpunkt Zweibrücken geboren wurde. Und auch der bereits erwähnte Douglas Coupland kam auf einem NATO-Stützpunkt in Deutschland zur Welt. Das zweite enge private Band bilden natürlich die zahlreichen transatlantischen Familienbeziehungen auf deutscher Seite. Die beiden Damen, die den bereits erwähnten Krämerladen *Old Country Gift Shop* führten, erzählten eigentlich fortwährend von zahllosen Verwandtschaftsbesuchen in beide Richtungen und bewahrten sich, wie so viele andere, auf diese Weise ein emotionales Band zur alten Heimat.

Auf der persönlichen Ebene gilt eine beiderseitige hohe Wertschätzung, die allerdings nicht frei von eingefahrenen Stereotypen ist. Über die vorwiegend positiv konnotierten Vorstellungen von Kanada in Deutschland wurde oben bereits geschrieben. Umgekehrt habe ich fünf Jahre lang mittels nichtrepräsentativer Umfragen unter meinen Studenten das Deutschlandbild des »jungen Kanada« zu ermitteln versucht. Bemerkenswert ist zunächst, dass die nationalsozialistische Vergangenheit in der Generation der unter Dreißigjährigen kaum eine Rolle mehr spielt – wenn überhaupt thematisiert, dann im Zusammenhang mit der als positiv wahrgenommenen gesellschaftlichen Auseinandersetzung mit der Vergangenheit oder im Zusammenhang mit dem Neonazismus als einer allgemeinen Gefahr für die westliche Demokratie. Genannt wurden die üblich stereotypen klassischen preußischen Tugenden wie Disziplin, Fleiß, Pünktlichkeit usw. Zumindest für mich überraschend war die offene Bewunderung für deutsche Ingenieursleistungen einerseits, allen voran natürlich im Automobilbau, andererseits auch für die aus der Ferne als erfolgreich gewerteten politischen Wandlungsprozesse, wie zum Beispiel die Herstellung der Deutschen Einheit oder in jüngerer Zeit die Einleitung der Energiewende. Von allerdings überragender Bedeutung für diese Alterskohorte sind die deutschen Beiträge zur globalen Popkultur. Hier reicht die Palette von deutscher Gegenwartsmusik, repräsentiert durch Gruppen wie Rammstein oder Techno-Gurus wie Paul van Dyk, über Sportstars – nicht zuletzt einige in der *National Hockey League* (NHL) reüssierende deutsche Eishockeyspieler – bis hin zu Topmodels wie Claudia Schiffer oder Heidi Klum.

Doch in die ungetrübte Freude mischen sich in der medialen Berichterstattung wie in der wechselseitigen Wahrnehmung auch kritische Töne. Aus der deutschen Perspektive hat Kanada in den letzten Jahren in der Energie- und Klimapolitik eine 180-Grad-Wendung vollzogen, die ihren Höhepunkt in der Aufkündigung des Kyoto-Protokolls fand. Die alljährlichen Bilder vom Robbenschlachten und die harte Haltung der Europäischen Union in dieser Frage erhitzen die Gemüter auf beiden Seiten. Schließlich hat die enge Anlehnung der konservativen Regierung Harper an die USA – mehr wohl an die USA unter George W. Bush II. als unter Barack Obama – zumindest vorübergehend für Irritationen auf europäischer Seite gesorgt.

Auf kanadischer Seite wird Deutschlands Rolle in der europäischen Schulden- und Finanzkrise genau und kritisch beobachtet. Da beide Länder fiskalpolitisch eher konservativ eingestellt sind, möchte man hier Konsens vermuten. Doch haben kanadische Politiker wie die kanadische Bundesbank schon mehrfach signalisiert, dass sie sich dem europäischen Schlamassel gegenüber auf Distanz zu halten trachten und eine Aufweichung der deutschen Haltung in den europäischen Verhandlungen für wünschenswert halten. Auf weitgehendes Unverständnis in Kanada stößt hingegen die Skepsis der politischen Eliten in Deutschland gegenüber dem multikulturellen Projekt, was in regelmäßigen Abständen in ebenso ausführlichen wie kritischen Zeitungskommentaren zum Ausdruck kommt.

Solche Missklänge können die alles in allem hervorragenden öffentlichen wie privaten Beziehungen zwischen Kanada und Deutschland nicht trüben. Gefährlicher zu sein scheinen die weit verbreitete wechselseitige Gleichgültigkeit, die sich zum Teil auch in grob fahrlässiger Unwissenheit voneinander äußert, und ein möglicher Rückfall in ein Art Blockdenken, das auf der einen Seite Kanada unterschiedslos in Nordamerika und Deutschland in Europa aufgehen lässt.

Ein Staat, zwei Nationen, viele Kulturen – ein historischer Abriss

Vor den Europäern – Kanadas Ureinwohner und das Zeitalter der europäischen Entdeckungen

In Kanada leben drei anerkannte und verfassungsrechtlich privilegierte Gruppen von Ureinwohnern: die als First Nations zusammengefassten Indianerstämme, die in den arktischen Regionen lebenden Inuit sowie die Métis, Nachfahren französischer Pelzhändler und indianischer Frauen. Zusammen zählen sie ungefähr 1,2 Millionen Menschen, wovon die First Nations mit ca. 700 000 Mitgliedern die größte Gruppe bilden. Viele Ortsbezeichnungen in Kanada, ja selbst der Name des Landes, sind aus den Sprachen der Ureinwohner abgeleitet. Zahlreiche kulturelle Artefakte und Praktiken der Ureinwohner haben Eingang in den kanadischen Mainstream gefunden. Letztes berühmtes Beispiel dürfte wohl der *Inuksuk* sein, ein steinernes Zeichen und Kommunikationsmittel in der Landschaft, das als Logo der Olympischen Spiele von Vancouver 2010 der Welt bekannt gemacht wurde.

Wenngleich der nordamerikanische Kontinent der am spätesten von Menschen besiedelte war, lebten die Ureinwohner Kanadas, von dem Sonderfall der Métis abgesehen, bereits Zehntausende von Jahren vor Ankunft der Europäer und entwickelten eine Vielfalt komplexer Gesellschaften mit jeweils eigenen kulturellen Ausdrucksformen. Die heute noch existierenden First Nations haben sich wohl zwischen 500 v. Chr. bis 1000 n. Chr. gebildet und räumlich weit ausgreifende Handelsrouten erschlossen. Natürlich erlaubt es die Vielfalt der indianischen Völker nicht zu generalisieren, doch hinterließen sie durchweg eindrucksvolle kulturelle Artefakte, wie monumentale Architektur oder kunsthandwerkliche Gegenstände. Je nach geografischer Lage und Ausrichtung der Tätigkeiten lebten die Völker nomadisch oder ließen sich zumeist temporär an befestigten Orten nieder. An zwei Plätzen solcher Befestigungen

der Irokesen am Sankt-Lorenz-Strom, Stadacona und Hochelaga, entstanden später die Städte Quebec und Montreal, und
auch Toronto, in der Sprache der Mohawk das Wort für »Treff-
punkt«, war ursprünglich eine Siedlung verschiedener First Nations. Kontakte zu europäischen Kulturen hat es wohl spora-
disch schon lange vor dem Zeitalter der Entdeckungen gegeben.
Die archäologisch gesicherte Siedlung L'Anse-aux-Meadow –
übrigens eine der herrlichen französisch-englischen Wortschöp-
fungen, die für Ostkanada typisch sind – auf Neufundland, seit
1978 anerkanntes Weltkulturerbe, liefert den bislang einzigen
Nachweis, dass bereits um das Jahr 1000 isländische Siedler
sich kurzzeitig auf kanadischem Gebiet niedergelassen hatten,
ihre Siedlung aufgrund fortwährender Kämpfe mit den Ureinwohnern allerdings aufgeben mussten.

Als die europäischen Seefahrer, allen voran der unter engli-
schem Namen reisende Venezianer John Cabot, um 1500 die
nordamerikanische Küste zu erkunden begannen, lebten etwa
300 000 Ureinwohner auf dem Gebiet des heutigen Kanada.
Während Cabot, der wohl Teile Neufundlands umsegelt hatte,
auf keine Ureinwohner stieß, nahmen spätere Expeditionen
rasch Kontakt mit den First Nations auf. Von ihnen, insbesondere von Jacques Cartier, der abgeleitet von der Sprache der
Irokesen den Namen Kanada einführte, sind zum Teil detaillierte Beschreibungen der Lebensweisen der Ureinwohner über-
liefert. In den folgenden 50 Jahren waren es vor allem Fischer
aus der Bretagne, dem Baskenland und der Normandie, die
erste Handelskontakte mit an der Atlantikküste ansässigen
Stämmen aufbauten. Bei allem, was wir wissen, scheinen diese
Kontakte weitgehend friedlich verlaufen zu sein. Auch die ersten französischen Siedler, die unter Samuel de Champlain Mitte
des 16. Jahrhunderts an den Ufern des Sankt-Lorenz-Stroms
ansässig wurden, hielten enge und tendenziell freundschaftli-
che Beziehungen. Dies änderte sich erst, als klar wurde, dass die
französischen Siedler auf Dauer bleiben und dadurch die Lebensbedingungen aller Bewohner verändern würden. Hinzu
kamen traditionelle Rivalitäten zwischen Stämmen und Völkern, die einerseits von Franzosen wie Briten für eigene Zwecke
instrumentalisiert wurden, andererseits auch eine ständige Be-
drohung für die Siedler darstellten. Infolge von Überfällen wur-

den zahlreiche Befestigungen der frühen Siedler zerstört, allerdings auch rasch wieder aufgebaut.

Insbesondere im Vergleich zur europäischen Landnahme in Süd- und Mittelamerika verlief die im nördlichen Nordamerika geradezu friedlich. Verbündete Ureinwohner, Siedler und Pelzhändler waren angesichts der schwierigen Lebensbedingungen aufeinander angewiesen und versuchten sich zum Vorteil aller Seiten zu arrangieren. Die First Nations wurden mit materiellen Gütern beliefert, vor allem Metallgegenständen, die ihnen das alltägliche Leben erleichterten. Dafür navigierten sie die Europäer durch das unwegsame Gelände und lehrten sie die notwendigen Techniken zum Überleben. Da vor allem die Franzosen auf die Kooperation mit den indigenen Völkern angewiesen waren, hatten sie kein Interesse sie zu schwächen oder zahlenmäßig zu dezimieren. Dass dies letztlich dennoch geschah, jedoch ohne die Populationen insgesamt zu gefährden, hatte neben den zahllosen Kleinkriegen vor allem zwei Ursachen: Krankheiten und Alkohol, wenngleich die in den *Prairies* und in British Columbia lebenden First Nations zwei Jahrhunderte später davon noch weitaus stärker betroffen waren. Hin-zu kam der Konkurrenzkampf unter den indianischen Völkern, der durch neu eingeführte Waffen in zum Teil genozidale Kriege mündete. Der Pelzhandel hatte sich für die Indianer als sehr lukrativ erwiesen, doch als die Biberbestände in der Umgebung des Sankt-Lorenz-Stroms deutlich zurückgingen, kam es zu kriegerischen Auseinandersetzungen zwischen nach Westen drängenden Irokesen und den in der Umgebung der Großen Seen beheimateten Huronen. Letztlich mussten sämtliche First Nations von dem Moment an, an dem sie mit Europäern in Kontakt gekommen waren, ihre herkömmlichen Lebensweisen umstellen und vor allem auf den Pelzhandel hin ausrichten. Eine explizite Ausrottungsstrategie hatten weder Franzosen noch Briten, und doch wurden bereits in der Anfangsphase der Kolonialisierung Kanadas die Grundlagen für die soziale Marginalisierung und die kulturelle Entwurzelung der Ureinwohner Kanadas gelegt.

Das Zeitalter der Entdeckungen dauerte in Kanada länger als in anderen Weltgegenden. Man kann angesichts der noch immer andauernden Vermessungs- und Kartierungsarbeiten sogar mit guten Argumenten behaupten, dass es noch immer nicht zu Ende gegangen ist. Zahlreiche Namen berühmter Entdecker und Abenteurer verbinden sich mit Kanada. Martin Frobisher, der letztlich erfolglose Erkunder der arktischen Gebiete in Kanada, Alexander Mackenzie, der 1793 erstmals das Land vom Atlantik zum Pazifik durchquerte, Roald Amundsen, der zu Beginn des 20. Jahrhunderts als Erster die legendäre Nordwestpassage seemännisch durchquerte, und zahllose andere reihten sich ein in die Galerie der Namen derjenigen, die dazu beitrugen, den unermesslichen Raum des heutigen Kanada zu umfassen und zu verstehen. Insbesondere die arktischen Gebiete sind noch immer schwer zugänglich und trotz beachtlicher Anstrengungen der kanadischen Regierung zu guten Teilen *Terra incognita*. 1969 durchquerte mit der amerikanischen SS Manhattan der erste Eisbrecher die Nordwestpassage (der staatliche kanadische Radiosender CBC übertrug die Durchfahrt in mehreren Livesendungen!), und erst vor wenigen Jahren folgte das erste Handelsschiff. Gerade bei der Erschließung der arktischen Gebiete haben die kanadischen Regierungen der letzten Jahre – nach einer langen Zeit vergeblicher Umerziehungsversuche in der kolonialen Tradition – auf die altbewährte Strategie zurückgegriffen, das Wissen der Ureinwohner auf effektivere und menschenfreundlichere Art zu nutzen. Dass die Inuit 1999 ihr eigenes Territorium Nunavut – im Grunde eine werdende Provinz unter bundesstaatlicher Aufsicht, die immerhin 20 Prozent der Gesamtfläche Kanadas abdeckt – zugestanden bekamen, war einerseits durchaus Ausdruck eines ernsthaften Bemühens, den arktischen Ureinwohnern ihre angestammte Heimat zurückzugeben, andererseits ein geschickter Schachzug, diese Gebiete infrastrukturell zu erschließen. Die europäischen Entdecker und Siedler haben sich auch in Kanada sicherlich nicht immer sonderlich rühmlich gegenüber den Ureinwohnern verhalten und diesen einen fremden Lebensstil von außen aufgezwungen. Jedoch gibt es wohl kaum ein zweites Land auf der Erde, dass die Fehler der Vergangenheit derart offen eingestanden hat und trotz aller noch immer bestehenden Defizite und Ungleichheiten erhebliche Anstrengungen unternimmt, den Nachkommen der Ureinwohner Möglichkeiten der Wahlfreiheit und Selbstbestimmung zurückzugeben.

La Nouvelle France

Was die Europäer im Allgemeinen und die Franzosen im Besonderen an Kanada fasziniert, ist nicht zuletzt die französische Präsenz in Nordamerika. Natürlich sticht dabei die Provinz Quebec besonders heraus. Ob nun das bilinguale Montreal, die Altstadt von Quebec Stadt mit der letzten intakten Festungsanlage in ganz Nordamerika oder das ländliche Quebec entlang des Sankt-Lorenz-Stroms oder auf der Halbinsel Gaspésie, es sind Orte und Räume, die sich sprachlich-kulturell markant vom Rest Nordamerikas unterscheiden. Doch auch in anderen Teilen Kanadas lässt sich ein signifikantes französisches Element ausmachen, etwa an der Atlantikküste vor allem in New Brunswick, im nördlichen Ontario oder auch in Manitoba. Nicht nur Quebec, weite Teile Kanadas sind von der Geschichte und der gegenwärtigen Präsenz des Französischen stark geprägt worden.

Im Anfang war die Suche nach einem nördlichen Seeweg nach Asien. 1534 beauftragte der französische König Franz I. den Bretonen Jacques Cartier mit einer Expedition über den Atlantik, die entlang der Küste Neufundlands, der atlantischen Provinzen Kanadas und in den Golf des Sankt-Lorenz-Stroms führte. Nur ein Jahr später kehrte Cartier mit einer weitaus größeren Expedition und zwei zuvor entführten Irokesen zurück und segelte diesmal den Sankt-Lorenz-Strom entlang, bis er die Irokesensiedlungen Stadacona und Hochelaga erreichte. Eine weitere Expedition Cartiers hatte nicht mehr die Suche nach einem Seeweg, sondern, basierend auf Informationen der Irokesen, die sich allerdings als Mythen herausstellen sollten, die nach dem sagenumwobenen *Royaume du Saguenay*, dem El Dorado Nordamerikas, zum Ziel. Während dieser Reise errichtete ein Teil der Besatzung die erste neuzeitliche europäische Siedlung auf kanadischem Boden. In Charlesbourg-Royal ließen sich etwa 400 Siedler nieder, doch musste die Befestigung bereits kurze Zeit nach ihrer Gründung aufgrund der ungünstigen klimatischen Verhältnisse, Krankheiten und der zunehmend feindseligen Einstellung der umliegenden Irokesenstämme aufgegeben werden.

Über ein halbes Jahrhundert wurde die Idee einer französischen Siedlung im nördlichen Nordamerika nicht wieder aufgegriffen, doch vor allem bretonische Fischer und auch einzelne Pelzhändler standen in engen Handelsbeziehungen zu den an der Atlantikküste und im Golf des Sankt-Lorenz-Stroms ansässigen First Nations. Nach zahlreichen vergeblichen Anläufen gründete Samuel de Champlain mit 28 Männern 1608 auf dem Boden der aufgegebenen Irokesensiedlung Stadacona eine der ersten permanenten Siedlungen, die auch unter schwierigen Bedingungen dauerhaften Bestand haben sollten: die heutige Stadt Quebec. Der Erfolg dieser frühen Besiedlung, wenngleich bescheiden, war auch Champlains Geschick im Umgang mit den Ureinwohnern zu verdanken. Ein probates Mittel war die Herstellung von Bündnissen mit einzelnen Stämmen, auf deren Ortskenntnisse die Pelzhändler angewiesen waren, und die Ausnutzung von deren Rivalitäten untereinander. Bemerkenswerterweise festigte Champlain die Stellung der Franzosen in der Region auch dadurch, dass er junge französische Männer unter den Ureinwohnern leben und sie die Sprache und Gebräuche der Stämme lernen ließ, so dass bald enge private Beziehungen zwischen Franzosen und Ureinwohnern möglich wurden. Ein weiterer Vorteil dieser Art der Kolonialisierung ergab sich daraus, dass die *coureurs des bois*, die »Waldläufer«, die Pioniere des französischen Pelzhandels, bis tief in den kanadischen Süden hinein mit First Nations in Berührung kamen, mit ihnen Handel trieben und auf diesem Weg die französische Kolonialmacht als Bezugspunkt der Ureinwohner etablierten. Ein in Kanada heute noch populärer französischer »Waldläufer« war Étienne Brûlé, der anfangs des 17. Jahrhunderts wohl der erste Europäer war, der sämtliche der Großen Seen bereiste und dabei unter indianischen Ureinwohnern lebte. Den französischen Behörden und der katholischen Kirche war sein offen zur Schau gestellter uneuropäischer Lebensstil jedoch ein Dorn im Auge. Als er auch noch kurzzeitig mit den Briten kollaborierte, galt er obendrein als Verräter. Den konkurrierenden First Nations blieb er als Europäer suspekt, so dass er gleich zwischen mehrere Fronten geriet. Letztlich ist es wohl auf ein gravierendes kulturelles Missverständnis zurückzuführen, dass Brûlé von »seinen« Huronen 1633 zu Tode gefoltert und seine Überreste nach einem Stammesritual verspeist wurden.

Unter Kardinal Richelieu, der Champlain zum ersten Gouverneur von *Nouvelle France* machte, intensivierte Frankreich seine kolonialen Aktivitäten in Nordamerika. Mit der systematischen Besiedlung, der Bewirtschaftung der Böden, der Einführung des *Régime Seigneurial*, eines modifizierten feudalen Bodenbesitzrechtes, das bis Mitte des 19. Jahrhunderts die Landschaft entlang des Sankt-Lorenz-Stroms prägte und dessen charakteristische längliche Parzellen noch heute auf Satellitenaufnahmen erkennbar sind, sollte Neufrankreich für Frankreich eine ebenso große Bedeutung erhalten wie die britischen Kolonien an der Atlantikküste. Abgestützt wurden diese Maßnahmen durch die Etablierung der römisch-katholischen Kirche als Staatskirche. Protestanten mussten entweder konvertieren oder das Land verlassen, und die katholische Kirche, insbesondere Franziskaner und Jesuiten, erreichte aufgrund ihrer straffen Organisation bald eine beherrschende Stellung in der Kolonie.

Einen weiteren Entwicklungsschritt machte *Nouvelle France* 1663, als Ludwig XIV. die Kolonie direkt der französischen Krone unterstellte, Verwaltungsinstanzen nach französischem Vorbild einführte und eine stärkere militärische Absicherung garantierte. Diese Maßnahmen gingen einher mit einer verstärkten Anwerbung vor allem von Frauen, sich in Neufrankreich niederzulassen. Die sogenannten *filles du roi* wie auch die weitere Förderung von Heiraten zwischen französischen Siedlern und Frauen der First Nations, deren Kinder umstandslos als Franzosen anerkannt wurden, trugen tatsächlich zu einer demografischen Wende bei, so dass die Zahl der französischen Bewohner von gerade einmal 3000 im Jahr 1666 bis Mitte des 18. Jahrhunderts auf knapp 90000 anwuchs. Trotz dieser allmählichen Fortschritte erlangte *Nouvelle France* niemals die Bedeutung der britischen Kolonien in Nordamerika. Zuallererst erlangte die Kolonie zu keinem Zeitpunkt eine zu Neuengland vergleichbare Attraktivität unter potentiellen Siedlern. Hauptgrund dürfte wohl das Fortbestehen der quasi-feudalen Landbesitz- und Herrschaftsstrukturen gewesen sein. Doch auch das französische Mutterland bemühte sich letztlich zu wenig, die Kolonie militärisch gegen die Überfälle der Briten und der mit diesen verbündeten Stämme abzusichern, wohl auch, weil es machtpolitisch zu sehr an Kontinentaleuropa gebunden blieb. Dennoch erlebte *Nouvelle France* eine kurze Blütezeit am Ende des 17. Jahrhunderts, als Frankreich das Monopol über den Pelzhandel besaß, bis zu den Großen Seen expandieren konnte und Montreal sich als ein bedeutender Handelsplatz etablierte.

Das Leben der *habitants* – so der Name der französischen Siedler, der als *Habs* heute noch immer als Bezeichnung des Eishockeyteams der Montreal Canadiens verwendet wird – in *Nouvelle France* sollte man sich nicht allzu romantisch vorstellen. Mit Ausnahme des späten 17. Jahrhunderts war es geradezu lebensgefährlich dort zu leben und vor allem zu reisen. Überfälle, militärische Scharmützel oder Kleinkriege waren nahezu an der Tagesordnung. Hinzu kamen das harsche Klima und die immer wieder auftretenden Epidemien, die ein substantielles Bevölkerungswachstum verhinderten. Der Alltag der Bauern war geprägt von harter Arbeit auf Feldern, die ihnen nicht gehörten, ihr privates Leben blieb ganz auf Sicherung der Versorgung hin ausgerichtet. Gleichwohl hat es in *Nouvelle France* Armut und Hunger vergleichbar zum europäischen Kontinent nicht gegeben. Auch waren die sozialen Barrieren bei weitem nicht so unüberwindbar wie im Mutterland. Selbst die *Seigneurs*, die landbesitzende Klasse, rekrutierten sich nur zu zehn Prozent aus französischem Adel, in ihrer großen Mehrzahl aber aus Aufsteigern, die in der Kolonie zu bescheidenem Wohlstand gekommen waren. Vor allem aufgrund der schwierigen Lebensbedingungen waren bei aller Hierarchisierung die verschiedenen sozialen Gruppen – Bauern, Landbesitzer, Händler, Beamte, Soldaten und Kirchenvertreter – aufeinander angewiesen, was zu einem bemerkenswerten Zusammenhalt der *habitants* führte. Zwar gab es insbesondere in Quebec Stadt Ansätze von Kulturleben, vereinzelte Theateraufführungen etwa, doch blieb die römisch-katholische Kirche die dominante Kulturinstitution. Für die zutiefst religiösen Bewohner Neufrankreichs erfüllte die Kirche vielfältige Funktionen. Sie war Schulmeister, Almosenspender, Informationsbeschaffer, Berater und Zuchtmeister. Mehr noch als die gemeinsame französische Abstammung einte der Katholizismus die *habitants*. Die großartige Basilika Notre-Dame de Montreal, wenngleich erst in den 1820er Jahren gebaut, gibt noch heute ein Zeugnis der überragenden Bedeutung der katholischen Kirche in *Nouvelle France*, die erst im Zuge der *Révolution tranquille*, der gesellschaftlichen Modernisierung der Provinz Quebec, seit den 1960er Jahren Schritt für Schritt abgebaut wurde.

Ein faszinierender Aspekt der französischen Herrschaft in Kanada liegt in der von den staatlichen wie kirchlichen Herrschaftsinstitutionen geförderten Vermischung der Franzosen mit den First Nations. Auch die Franzosen führten zahlreiche Kleinkriege gegen die Ureinwohner und, wenn für nötig erachtet, ein straffes koloniales Regime. Doch im Unterschied zu den Spaniern und Portugiesen in Südamerika oder auch den Briten in Nordamerika setzten sie sehr viel stärker auf Kooperation, nicht zuletzt, weil sie aufgrund der kleinen Bevölkerungszahl der *habitants* und der schwierigen Bedingungen des Pelzhandels auf diese Kooperation angewiesen waren. Es existieren eindrucksvolle Beschreibungen von Besuchern aus dem französischen Mutterland, in denen die weitgehende Anpassung der Bewohner Neufrankreichs an Gebräuche, Verhaltensweisen und Kleidungsstile der Ureinwohner verwundert bis kritisch festgestellt wird. Kinder aus den Beziehungen zwischen französischen Männern und Frauen der First Nations wurden als vollwertige *habitants* anerkannt, katholisch getauft und erzogen, aber – unter Duldung der Kirche – von ihren Müttern auch in den naturreligiösen Glauben der indianischen Vorfahren eingeführt. Die Bedeutung dieser Frauen als Vermittler zwischen den Kulturen kann gar nicht unterschätzt werden. Nicht nur besorgten sie den Haushalt für ihre Familien, sondern dienten auch als Übersetzerinnen, setzten ihre Orts- und Naturkenntnisse ein und ermöglichten ihren Männern nichts weniger als das Überleben. Die Nachkommen dieser Ehen, zumeist als Jäger tätig, entwickelten bald eine ganz eigene Identität und Kultur, die sie sich – erneut mit Unterstützung der katholischen Kirche wie der Franzosen – auch gegen den massiven Druck der britischen Behörden im 19. Jahrhundert bewahren konnten. Seit 1982 sind die Métis, deren Zahl heute bei knapp 400 000 liegt, neben den First Nations und den Inuit als indigenes Volk anerkannt.

Der Niedergang von *Nouvelle France* hatte vorwiegend militärische Gründe. Vom späten 17. bis Mitte des 18. Jahrhunderts gab es fast ein Dutzend kleiner Kriege zwischen Frankreich und

Großbritannien in der Region, hinzu kamen die zahllosen Überfälle auf kleinere Forts und Siedlungen. Letztlich waren die britischen Kolonien in Bevölkerungszahl und militärischer Stärke zu überlegen, als dass die französische Vorherrschaft auf Dauer hätte gehalten werden können. Mit dem Frieden von Paris, der den Siebenjährigen Krieg in Nordamerika, wo er als *French and Indian War* bekannt ist, beendete, endete auch die französische koloniale Präsenz in Nordamerika. Mit diesem Ende ist auch das tragische Schicksal der Akadier verbunden. *L'Acadie* nannten die Franzosen das Territorium ihrer maritimen Besitzungen in Nordamerika, das ungefähr die heutigen Provinzen New Brunswick, Prince Edward Island, Nova Scotia, Neufundland und Labrador sowie Teile des amerikanischen Bundesstaates Maine ausmachte. Die Akadier waren ebenfalls frankophon, entwickelten aber aufgrund der gänzlich unterschiedlichen Lebensbedingungen, sozialen Strukturen und Siedlungsformen eine von den *habitants* am Sankt-Lorenz-Strom verschiedene Kultur. Auch galten die Akadier als besonders aufsässig, was in erster Linie daran lag, dass sie aufgrund der schwachen, weil weit entfernten französischen Verwaltung von *Nouvelle France* eine immer selbstbewusstere bäuerliche Selbstverwaltung organisierten. Da Akadien zwischen Franzosen und Briten territorial immer umstritten war, wurden der Krieg und die wechselnde Herrschaft hier zu einer geradezu alltäglichen Erfahrung. Als akadische Milizionäre einen Treueschwur auf die britische Krone verweigerten, entschieden die britischen Behörden, die renitente akadische Bevölkerung nahezu vollständig aus ihrem angestammten Siedlungsgebiet zu deportieren. *La Grande Dérangement* bedeutete die Vertreibung von knapp 12 000 französischen Menschen aus ihren Siedlungsgebieten und ihre Verstreuung über ganz Nordamerika und nach Frankreich. Frankreich, das etwa 3000 Überlebende aufnahm, siedelte zahlreiche Akadier im damals spanischen Louisiana an, wo sie rasch die bedeutendste ethnische Gruppe bildeten und ihre eigenständige Kultur beibehielten, die uns heute als Cajun bekannt ist.

Von *Nouvelle France* geblieben sind nicht mehr als die kleine Inselgruppe Saint-Pierre et Miquelon vor der Südküste Neufundlands sowie eine kulturell nach Frankreich hin orientierte

kanadische Provinz und zahlreiche französischsprachige Enklaven im Osten Kanadas sowie in den *Prairies*. Geblieben sind
jedoch auch nationsweit französische Hinterlassenschaften und
Spuren, ohne die das moderne Kanada nicht zu denken wäre.

Das Handelsimperium der Hudson's Bay Company

Besucher kanadischer Städte werden kaum das erste Warenhaus
am Platz übersehen: *The Bay/La Baie* ist an 91 Standorten vertreten, in den Metropolen gar mit unkanadisch glamourösen
flagship stores. Die Warenhauskette ist Teil und prominentestes
Gesicht einer Handelsgesellschaft mit 70 000 Beschäftigten und
einem Jahresumsatz von etwa sechs Milliarden Euro, deren Bedeutung in der Vergangenheit allerdings noch ungleich größer
war. *The Governor and Company of Adventurers of England
trading into Hudson's Bay,* so der vollständige Name der historischen Hudson's Bay Company (HBC), ist das älteste Unternehmen Nordamerikas, besaß mit Rupert's Land – mehr als
zehnmal so groß wie die Bundesrepublik Deutschland heute –
einstmals einen der größten privaten Landbesitze weltweit,
kontrollierte fast zwei Jahrhunderte lang den lukrativen Pelzhandel im britischen Teil Nordamerikas und übte innerhalb
ihres Herrschaftsgebiets de facto staatliche Funktionen aus. Die
Hudson's Bay Company ist zweifelsohne eines der schillernds-
ten und mächtigsten Privatunternehmen in der Geschichte.
Ihre Ursprünge sind ironischerweise französisch. Denn im
ausgehenden 17. Jahrhundert besaß Frankreich das Monopol
auf den Pelzhandel, versäumte es jedoch, seine Handelsaktivi-
täten nach Westen und Norden auszuweiten, so dass zwei französische Pelzhändler britische Finanziers überzeugten, Expeditionen entlang der Hudson Bay zu starten und ebendort einen
Handelsposten zu gründen. Namensgeber des Handelspostens
Rupert's Bay wie später des gesamten Territoriums im Besitz
der HBC war übrigens Prinz Ruprecht von der Pfalz, Neffe
des englischen Königs Charles I. und erster Gouverneur des
1670 gegründeten Unternehmens, das als Aktiengesellschaft
firmierte.

Die ökonomische Bedeutung des Pelzhandels lag in der Gier der europäischen Märkte nach Fellen begründet. Wasserabweisende Biberfelle erwiesen sich als besonders hervorragendes Material für Hutmacher und waren modisch der letzte Schrei. Hinzu kamen populäre Alltagsmythen, die Biberfell u. a. besondere Wirkungen auf die menschlichen Gedächtnisleistungen zuschrieben. Bis zur endgültigen Übernahme der Herrschaft der Briten in Kanada Mitte des 18. Jahrhunderts war das Vertriebsmodell der HBC dem der französischen Händler allerdings unterlegen. Denn die HBC gründete zwar zahlreiche Handelsposten an strategisch bedeutsamen Orten entlang der Hudson Bay und an den Ufern der in sie mündenden Flüsse, doch unterließ sie es weitgehend, eigene Jagdexpeditionen zu unternehmen, sondern ließ sich von lizenzierten Pelzhändlern, vornehmlich Abkömmlingen der First Nations oder Métis, beliefern. Hinzu kamen zahlreiche Überfälle auf die Handelsposten durch französische Truppen im Bündnis mit Indianerstämmen, die eine kontinuierliche Kontrolle über das Territorium zunächst unmöglich machten. Erst als die Franzosen im Frieden von Utrecht 1713 ihre Ansprüche auf Rupert's Land aufgeben und später im Frieden von Paris 1763 sich weitgehend aus Kanada zurückziehen mussten, konnte die HBC nahezu konkurrenzlos in ihrem Territorium agieren und insbesondere nach Westen expandieren.

Dabei entwickelte die HBC nicht nur ein höchst lukratives Geschäftsmodell, sondern bis weit ins 19. Jahrhundert hinein auch eine privatwirtschaftlich begründete Form der Staatlichkeit im nordamerikanischen Norden und Westen, u. a. mit einer von Großbritannien und den USA zugestandenen eigenen Gerichtsbarkeit und eigenem Münzrecht. Ursprünglich wurden die Pelzhändler mit Naturalien und europäischen Waren bezahlt, die vornehmlich in den damaligen Billiglohnländern in Mitteleuropa hergestellt worden waren. Noch einen Schritt weiter ging die HBC, als sie an ihren Handelsposten auch Verkaufsstellen für Waren des täglichen Bedarfs einrichtete und damit ein für sie perfektes, weil profitables Modell der geschlossenen Warenzirkulation schuf.

Der langsame Niedergang der HBC hatte drei Ursachen: zum einen den zum Teil dramatischen Rückgang an Pelztierbeständen (auch wenn dieser zeitweise durch Wechsel der Jagdschwerpunkte ausgeglichen werden konnte), zum anderen die sinkende europäische Nachfrage nach Pelzen und Fellen generell und schließlich, wohl am bedeutendsten, den wachsenden Siedlungsdruck nach dem amerikanischen Westen, der mit der Aufweichung des Handelsmonopols einherging. Lange Zeit bewahrte ein informelles Abkommen mit der britischen Krone die HBC vor unliebsamer Konkurrenz. Die britischen Autoritäten garantierten das Handelsmonopol und gaben den Nordwesten nicht als Siedlungsgebiet frei, umgekehrt hielt die HBC die expandierenden USA von ihrem Territorium fern. Gleichwohl strömten amerikanische Siedler seit den 1840er Jahren in das Gebiet, das heute als Bundesstaat Oregon firmiert, so dass der HBC nichts anderes übrig blieb, als sich mit den Neuankömmlingen zu arrangieren. Das Handelsmonopol hingegen wurde fortwährend von Angehörigen der Métis in Frage gestellt. In einem spektakulären Gerichtsfall wurde ein Angehöriger der Métis 1849 in Fort Garry, dem heutigen Winnipeg, zwar des illegalen Pelzhandels überführt, doch angesichts bewaffneter Métis, die das Gerichtsgebäude umstellt hatten, freigesprochen. Da ohne die Métis das Monopol im Pelzhandel nicht mehr zu halten war und diese mit populären freihändlerischen Parolen argumentierten, verzichtete die HBC darauf, ihr Monopol weiter gerichtlich durchsetzen zu wollen.

Besiegelt wurde das Ende der HBC alter Prägung mit dem *Rupert's Land Act* von 1868, der vom britischen Parlament beschlossen wurde. Danach wurde Rupert's Land gegen Entschädigungszahlungen und Übertragung von Landnutzungsrechten an das neu gegründete Dominion of Canada übertragen. Heute umfasst der ehemalige Besitz der HBC weite Teile der kanadischen Provinzen Manitoba, Saskatchewan und Alberta, den Norden Ontarios, den Westen von Quebec sowie die südlichen Teile der Territorien. Hinzu kommen noch Gebiete im Norden der USA, die allerdings bereits 1818, als der 49. Breitengrad als Grenze zwischen den USA und Kanada festgelegt worden war, vom Unternehmen aufgegeben werden mussten.

Auch jenseits ihrer Wirtschaftsmacht darf die Bedeutung der HBC für die historische Entwicklung des heutigen Kanada nicht unterschätzt werden. Sie trug entscheidend zur Entdeckung und Vermessung des kanadischen Nordwestens zwischen Arktischem und Pazifischen Ozean bei, betätigte sich als Städtegründer und -entwickler und trug, von der britischen Regierung autorisiert, unmittelbar zur Nationsbildung vor Gründung der Dominion of Canada bei. Noch heute kann man einige, allerdings in weiten Teilen nachgebaute Handelsposten und im Manitoba Museum in Winnipeg die eindrucksvolle HBC-Sammlung, deren Fundament alte Ausstellungsstücke aus früheren Handelsposten bilden, besichtigen. Selbst die jüngere Geschichte der HBC und der Verwahrung ihrer historischen Hinterlassenschaften reflektiert bedeutsame Entwicklungen im modernen Kanada. Erst 1970 wurde die HBC ein rein kanadisches Unternehmen und verlegte ihr Hauptquartier von London nach Winnipeg. Noch einmal vier Jahre später erklärte sich die britische Regierung bereit, das Archiv der HBC, immerhin Teil des Weltdokumentenerbes der UNESCO, nach Kanada zu transferieren. Und im gleichen Jahr verlegte die HBC, die heute im Besitz amerikanischer Investoren ist, ihren Hauptsitz nach Toronto, dem neuen Wirtschafts- und Finanzzentrum Kanadas.

Ihrer Bedeutung für die Geschichte Kanadas ist sich die moderne HBC nicht nur aus uneigennützigen Gründen durchaus bewusst. So finanziert sie über Stiftungen zahlreiche Institutionen, die sich im weitesten Sinne mit der Geschichte des Unternehmens und des Landes befassen. Großer Popularität erfreute sich jahrelang die anlässlich des 250-jährigen Unternehmensjubiläums 1920 gegründete populärhistorische Zeitschrift – nomen est omen – *The Beaver*, die mittlerweile unter dem Namen *Canada's History* publiziert wird.

Kanada unter britischer Herrschaft

Selbst bei einem nur flüchtigen Besuch Kanadas, inklusive Quebec, wird einem die massive Präsenz britischer Hoheitszeichen, Symbole und alltagskultureller Zeichen nicht entgehen. Die Queen, noch immer das offizielle Staatsoberhaupt Kanadas, ist u. a. auf Geldscheinen, Münzen und Briefmarken verewigt, der

Union Jack taucht in vielen Variationen in den Flaggen der Provinzen auf, natürlich ist Englisch erste Verkehrssprache der meisten Kanadier, und die Namen zahlreicher Regionen, Städte und Straßen erinnern an britische Vorbilder. Das politische System Kanadas ist nach britischem Vorbild modelliert, überhaupt ist das Land durch einen Beschluss des britischen Parlaments erst seit 1982 rechtlich völlig souverän, und selbst von außen unbedeutend scheinende Neuigkeiten von der Insel sind den kanadischen Medien eine Nachricht wert.

Zwar waren die Briten bereits zu Beginn der Kolonialzeit auf kanadischem Boden präsent, zunächst vom amerikanischen Neuengland her kommend in den Atlantikprovinzen, seit dem ausgehenden 17. Jahrhundert in Form der Hudson's Bay Company westlich des französischen Einflussgebietes, doch erst mit der Übernahme französischer Territorien 1713 und vor allem 1763 konnten sie sich dort, dann allerdings nachhaltig, als Kolonialmacht etablieren. Bis zur Bildung des Dominion of Canada 1867 bildeten die britischen Territorien in Kanada eigenständige Kolonien, von denen die 1763 eingerichtete Provinz Quebec von der Küste Labradors bis westlich der Großen Seen und im Süden bis weit in das heutige Illinois und Ohio reichte. Die französischen Eliten wurden entmachtet und zogen sich zum Teil nach Frankreich zurück, die breite Mehrheit der Franzosen blieb zwar, wurde jedoch systematisch an der Teilhabe am politischen und wirtschaftlichen Leben benachteiligt. Die Geschichte von Montreal im 19. Jahrhundert gibt für diese Entwicklung ein hervorragendes Beispiel: Die bedeutende Handelsstadt wurde dank des globalen Handels im Britischen Empire reich, obwohl der großen Mehrheit ihrer Bevölkerung der Zugang zu diesem Handel verwehrt blieb. Der lukrative Außenhandel wurde von den wenigen Briten monopolisiert, während die französische Bevölkerung auf den kanadischen Binnenhandel beschränkt blieb. Diese innere Teilung der Stadt ist bis heute erkennbar. Während die zumeist wohlhabenden englischsprachigen Bewohner Montreals vorwiegend in Westmount wohnen, ist das Stadtviertel Outremont weiterhin eine frankophone Hochburg in der Stadt. Allerdings versuchte das britische Parlament mit dem *Quebec Act*, sowohl die französische als auch die indigene Bevölkerung an die britische Krone zu binden, indem sie die freie Konfessionswahl zuließ, Elemente des französischen Rechts beibehielt und den First Nations vor allem im Süden der Provinz weiträumige Reservate zuwies, die nicht von Europäern besiedelt werden durften.

Eine ganz neue Dynamik auch in Kanada entfachten die Unabhängigkeitsbestrebungen der 13 Kolonien im Süden. Kanada wurde Kriegsschauplatz, als Truppen der amerikanischen Siedler letztlich erfolglos bis nach Quebec Stadt vorstießen. Bedeutsamer noch war der Zustrom von Loyalisten, amerikanischen Unterstützern der britischen Krone, die nach der Niederlage gen Norden strömten und das englische Element stärkten. Das britische Parlament reagierte auf den Wandel der Bevölkerungszusammensetzung, indem es 1791 die Provinz Quebec in Lower Canada und Upper Canada (der Süden des heutigen Ontario) aufteilte. Zwar sicherten sich die Briten dadurch die unbedingte Loyalität einer neu gebildeten Provinz, legten dafür allerdings einen ersten Grundstein für den politischen Separatismus in Quebec. Denn erst mit der Schaffung eines frankophonen Lower Canada konnte die distinkte Gesellschaft Quebecs in Nordamerika überhaupt entstehen.

In den folgenden Jahrzehnten bemühten sich die britischen Behörden, durch gezielte Anwerbung von englischen, schottischen und irischen Siedlern das englischsprachige Element vor allem in Upper Canada zu stärken. Hinzu kamen Tausende schwarze Amerikaner, die auf der Flucht vor der Sklaverei über die legendäre *underground railroad*, ein informelles Netzwerk von Fluchtwegen in den Norden, nach Kanada kamen. Die Erinnerungen des Fluchthelfers Reverend Josiah Henson aus dem Städtchen Dresden in Ontario, wo heute die *Uncle Tom's Cabin Historic Site* eingerichtet ist, waren eine bedeutende Quelle für Harriett Beecher Stowes Erfolgsroman. Auf die stetig wachsende Zahl von amerikanischen Siedlern, die sich in Upper Canada niedergelassen hatten, setzte auch die US-amerikanische Regierung, als sie 1812 Großbritannien den Krieg erklärte und in Upper Canada einmarschierte. The War of 1812, in Europa als eine Randerscheinung neben den antinapoleonischen Kriegen wahrgenommen, endete zwar ohne eindeutigen Sieger, hatte aber für beide Seiten gravierende langfristige Konsequenzen.

Die Milizen in Upper Canada und zum Teil auch im französischen Norden hatten im Verbund mit regulären britischen Truppen die Amerikaner zurückgeschlagen, was zu einer Stärkung kanadischer Loyalitäten und in ersten Ansätzen auch zu einer kanadischen Identität führte. In den Friedensverhandlungen wurden die Grundlagen für die spätere Festlegung des 49. Breitengrades als Grenze zwischen Kanada und den USA auf eine Länge von etwa 3000 Kilometern vom Pazifik bis zu den Großen Seen gelegt. Ansonsten blieben zerstörte Städte, durch die Kampfhandlungen wurden etwa York (das spätere Toronto) auf kanadischer Seite wie Washington auf amerikanischer Seite niedergebrannt, und eine Gruppe als großer Verlierer: Großbritannien hatte den First Nations breite Gebiete im Süden zugewiesen und deren territoriale Unversehrtheit garantiert. Nach der Übergabe dieser Gebiete an die USA gaben diese das Land sofort zur Besiedlung frei, was schließlich zur Abdrängung der indianischen Völker nach Westen und zum Beginn ihrer erbarmungslosen Ausrottung führte. Schließlich hatte der Krieg von 1812 den Kanadiern vor Augen geführt, dass mit einer Invasion der USA zu rechnen war. In der Tat existierten im 19. und selbst noch im 20. Jahrhundert amerikanische Planspiele zur Expansion nach Norden. Selbst wenn diese Gefahr heutzutage keine Rolle mehr spielt – wenngleich einige kanadische Protektionisten die Einrichtung der nordamerikanischen Freihandelszone NAFTA als eine Art informelle ökonomische Invasion der USA deuten –, so hat sie doch zu der ambivalenten Haltung vieler Kanadier gegenüber den USA beigetragen. Anlässlich der Zweihundertjahrfeier des Krieges wird der Ereignisse umfassend gedacht. Beliebt sind dabei die großen *history reenactments*, Historienschauspiele an Originalschauplätzen mit zum Teil Tausenden von Laiendarstellern. Nicht immer verlaufen diese so friedlich, wie es für 2012 zu erwarten ist. Eine großangelegte Veranstaltung zur Erinnerung an die Schlacht auf der Abraham-Ebene, in deren Folge Quebec Stadt an die Briten fiel und das Ende von *Nouvelle France* eingeleitet wurde, musste 2009 wegen Gewaltandrohungen abgesagt werden. *Québécois* französischer Abstammung verstanden – wohl nicht ganz zu Unrecht – die Schauspielpläne als einen Affront. Stattdessen kam es allerdings zu einer *Moulin à paroles* vor Tausenden von Zuhörern, einer öffentlichen Lesung, bei der Schlüsseltexte aus der Geschichte Quebecs rezitiert wurden, darunter auch aus dem berühmten Manifest des paramilitärischen und separatistischen *Front de libération du Québec* (FLQ) von 1970, was wiederum zu Entrüstungsstürmen vor allem im englischsprachigen Kanada und unter Bundespolitikern führte.

Nach 1812 waren es vor allem drei Entwicklungen, welche das britische Reich in Nordamerika auf Dauer prägten. Die englischsprachigen Bewohner emanzipierten sich zunehmend vom Mutterland, ohne ihre Loyalität zur britischen Krone aufzugeben. Dies äußerte sich zum einen in zunehmend selbstbewussteren Verlangen nach einer gerechteren Landverteilung und nach politischer Mitsprache, die zwar zu mehreren Rebellionen, nicht aber zur Forderung nach staatlicher Eigenständigkeit führte. Die Bevölkerungszahl der britischen Kolonien wuchs zwischen 1800 und 1870 beträchtlich um bis zu 30 Prozent pro Jahrzehnt, und insbesondere Upper Canada profitierte am meisten von dem stetigen Zustrom an Neuankömmlingen aus Europa. Und schließlich bildeten sich zunehmend nach britischem Vorbild politische und gesellschaftliche Institutionen aus, die nach der Staatsgründung beibehalten und ausgebaut wurden und zum Teil bis heute noch existieren.

Britisches Parlament und Verwaltung bemühten sich durch eine Reihe von Reformen – so wurden Upper und Lower Canada kurzzeitig wieder zusammengelegt –, den Bewohnern der Kolonien entgegenzukommen, und vermieden einen Konfrontationskurs wie noch im Falle der 13 Kolonien im Süden. Hinzu kam die Einsicht Großbritanniens, dass nur eine effektivere Verwaltung der Kolonien der Absorption durch die USA widerstehen könnte. Insbesondere die Balance zwischen frankophoner und anglophoner, zwischen protestantischer und römisch-katholischer Einwohnerschaft überdehnte aber letztlich die Möglichkeiten der britischen Behörden. Als die Forderung nach einer Konföderation der verbliebenen britischen Kolonien in Nordamerika deutlicher formuliert wurde, verweigerten sich die Briten nicht und begannen mit den Verhandlungen. Die maritimen Provinzen New Brunswick, Nova Scotia und Prince Edward Island führten bereits Gespräche über die Möglichkeiten einer engeren Zusammenarbeit als Vertreter der Province of Canada – die wieder zusammengelegten Kolonien Upper und Lower Canada – unter der Führung von John A. Macdonald hinzustießen und den Vorschlag einer kanadischen Konföderation machten. Nach mehrjährigen Gesprächen und Verhandlungen entstand am 1. Juli 1867, dem heutigen Nationalfeiertag *Canada Day*, das Dominion of Canada, dem die heutigen Provinzen New Brunswick, Nova Scotia, Ontario und Quebec beitraten. Macdonald, dessen Konterfei den Zehn-Dollar-Schein schmückt, wurde zum ersten Premierminister Kanadas ernannt und kurz darauf durch Wahl in einem Amt bestätigt, das er mit einer Unterbrechung insgesamt 19 Jahre lang innehaben sollte.

Das junge Dominion sorgte sich zunächst um territoriale Expansion. Von der Hudson's Bay Company wurde schon 1870 Rupert's Land erworben und daraus die Provinz Manitoba sowie die Northwest-Territories geschaffen, insgesamt ein Gebiet, das ungefähr ein Drittel des modernen Kanada ausmacht. Nur kurze Zeit darauf traten British Columbia und Prince Edward Island der Konföderation bei. Die Verbindungen und Abhängigkeiten zum britischen Mutterland, vor allem politischer und wirtschaftlicher Natur, blieben jedoch bestehen. Kanada blieb Teil des britischen Kolonialreiches. Es musste zwar für seine Verteidigung selbst aufkommen, doch die außenpolitischen Grundsatzentscheidungen wurden in London getroffen. Ebenso verblieben die höchsten Rechtsinstanzen im Mutterland. Erst 1931 mit dem *Statute of Westminster* und schließlich 1982 mit dem *Canada Act* erlangte Kanada seine volle und unveräußerliche Souveränität.

Eisenbahnen und Kriege – das (langsame) Wachsen einer Nation

1867 war in Nordamerika ein neuer Staat gegründet worden. Doch fühlten sich die Bewohner dieses Staates überhaupt nicht als Nation, schon gar nicht in der europäischen Spielart. Zu unterschiedlich waren die historischen Erfahrungen, die kulturellen Orientierungen oder die wirtschaftlichen und sozialen

Grundlagen der einzelnen Regionen, als dass diese sich ohne weiteres in eine Nation hätten zwingen lassen können. Außerdem verstanden sich die Bewohner mehrheitlich in erster Linie als Angehörige des britischen Weltreiches und erst danach als Kanadier. Dieser allgemeinen Übereinstimmung unter den Vertretern der neuen Provinzen entsprach auch die Organisation des Dominion of Canada als Bundesstaat, nach Einschätzung von Experten einer der auch heute am wenigsten zentralistischen Bundesstaaten weltweit.

Gleichwohl ging es in den Anfangsjahren auch darum, den inneren Zusammenhalt des jungen Staates zu befördern. Ein probates Mittel wurde allgemein im Ausbau des Eisenbahnnetzes gesehen, um somit die Mobilität von Waren und Menschen innerhalb des Staatsgebietes effektiver und schneller zu gestalten. Die maritimen Provinzen wie später auch British Columbia hatten ihren Beitritt sowieso an die Bedingung geknüpft, umgehend an ein transkontinentales Eisenbahnnetz angeschlossen zu werden.

Die erste Eisenbahnlinie war bereits 1836 in der Nähe von Montreal eröffnet worden, regionale Eisenbahnlinien folgten schon kurz darauf. Doch zeigte sich rasch, dass die einzelnen Provinzen mit dem Bau überregionaler Eisenbahnstrecken finanziell wie infrastrukturell überfordert waren. Im Unterschied zu früheren, ökonomisch verlustreichen Bauprojekten wurde der Bau der *Intercolonial Railway of Canada*, welche die maritimen Provinzen mit Quebec und Ontario verbinden sollte, wo die *Grand Trunk Railway* das zur Zeit der Staatsgründung längste Streckennetz der Welt betrieb, von der Zentralregierung gesteuert und kontrolliert. Der erwünschte Effekt stellte sich bald ein. Die vorwiegend von Fischerei, Landwirtschaft und Schiffsbau geprägten *Maritimes* wurden von der industriellen Dynamik voll erfasst, Rohstoffe und Produkte konnten sehr viel schneller und kostengünstiger transportiert werden, und allmählich setzte auch ein regelmäßiger Passagierverkehr ein. Eine noch größere Herausforderung bestand in der Erweiterung des Streckennetzes nach Westen. Die *Canadian Pacific Railway*, die seit 1885 Vancouver mit Montreal verband, führte nicht nur durch die Rocky Mountains, die noch nahezu unbewohnten Ebenen der *Prairies* und durch sumpfiges Gebiet im

nördlichen Ontario, sondern bescherte Kanada au[ch einen]
großen politischen Skandal, infolge dessen Premie[r ...]
wegen Bestechung im Amt zurücktreten musste. T[... die]
sogenannten *navvies*, abgeleitet von *navigator*, ar[... beim]
Bau der Eisenbahnlinien, mehrheitlich eigens dafü[r angewor-]
bene europäische Einwanderer. Der Lohn war nied_ig, die Lebensbedingungen schwierig, und doch erging es den europäischen *navvies* wesentlich besser als den westlich der Rocky
Mountains eingesetzten 17 000 Arbeitern chinesischer Herkunft. Diese verdienten nicht nur die Hälfte des ohnehin schon
niedrigen Lohns, sondern mussten auch die gefährlichsten Arbeiten, vor allem Sprengungen, verrichten. Die Überlebenden
konnten zumeist nicht in ihre Heimat zurückkehren, sondern
blieben verarmt, diskriminiert und entrechtet in Kanada zurück. 2006 entschuldigte sich die Regierung Harper förmlich
bei der chinesischen Bevölkerung für die unmenschliche Behandlung der chinesischen *navvies* beim Eisenbahnbau. Eine
unbedingt empfehlenswerte Eisenbahnreise durch kanadische
Landschaften, beliebt sind etwa der *Polar Bear Express* ans
Südende der Hudson Bay oder eines der Trans-Kanada-Pakete
von VIA Rail, vermittelt nicht nur atemberaubende Schönheit,
sondern auch einen ersten Eindruck, unter welchen Entbehrun-
gen und Anstrengungen diese Strecken gebaut wurden.

Als der Bau der Eisenbahn nach Westen weitgehend abge-
schlossen worden war, sollte sich rasch deren (allerdings zwei-
felhafte) Nützlichkeit im Dienst der nationalen Sache erweisen.
Denn 1885 brach mit der *North-West-Rebellion* auf dem Gebiet der heutigen Provinz Saskatchewan ein Aufstand der Métis
gegen die kanadische Zentralregierung aus, dessen hauptsächli-
che Ursachen im dramatischen Rückgang der Büffelbestände
und in der fortwährenden Verletzung der Land- und Minderheitenrechte der Métis lagen. Mit Hilfe der Eisenbahn konnte
die Regierung Macdonald allerdings rasch geschulte Truppen
ins Aufstandsgebiet senden und die Rebellion niederschlagen.

Anführer dieser Rebellion war eine der spannendsten Persönlichkeiten der kanadischen Geschichte, der charismatische
und außerhalb Kanadas nahezu unbekannte Louis Riel. Leben
und Nachleben des Sprosses einer Métis-Familie repräsentieren
die Komplexität und manchmal auch Verworrenheit der Ge-

.nte und Gegenwart des multikulturellen Kanada. 1844
,urde Riel in Rupert's Land nahe Winnipeg geboren, wo vorwiegend Métis und First Nations ansässig waren, und besuchte als gläubiger Katholik ein Priesterseminar in Montreal. Schon vor der Übertragung von Rupert's Land von der Hudson's Bay Company an die kanadische Föderation versuchten die ersten anglophonen Siedler die angestammte Bevölkerung zu verdrängen, die sich allerdings durch Verhandlungen erfolgreich zur Wehr setzte. Die Ausrufung einer Provisorischen Regierung im Siedlungsgebiet unter der Führung Riels und die Exekution eines anglophonen Scharfmachers nötigten die kanadische Regierung zu einem Kompromiss. Die Provinz Manitoba, ein kleines Gebiet im Süden der heutigen Provinz, wurde den Métis und First Nations zugesprochen und mit erstaunlich weitreichenden Minderheitenrechten ausgestattet, die von der Konföderation garantiert wurden. Riel, der als Einziger der wenigen Aufständischen nicht amnestiert worden war, begann nun eine eigentlich erfolgreiche, aber seltsame politische Karriere. Mehrfach wurde er in Abwesenheit ins kanadische Parlament gewählt, ohne seinen Sitz annehmen zu können. Stattdessen musste er flüchten, zunächst protegiert von der katholischen Kirche und von frankophonen Gönnern, in die USA (wo er ebenfalls in Widerstandsaktionen der Métis involviert war) und nach Quebec. Der tiefreligiöse Riel entwickelte dort messianische Gedanken, in denen Elemente von Katholizismus, Judentum und Naturreligion ineinander verschmolzen, und erklärte sich in seinen Schriften zum Propheten der Neuen Welt. Als Anfang der 1880er Jahre die mehrheitlich westwärts gewanderten Métis aufgrund des Eisenbahnbaus und der damit verbundenen Besiedlung erneut in Bedrängnis gerieten, führte Riel die North-West-Rebellion an, die diesmal allerdings in einem militärischen Desaster endete. Es war die letzte militärische Auseinandersetzung auf kanadischem Boden. Riel wurde festgenommen und nach einem fünftägigen Prozess in Regina zum Tode durch Hängen verurteilt.

Kaum weniger abenteuerlich verlief das Nachleben Riels. Von den Métis wurde er schon zu Lebzeiten als eine Art Stammesheiliger verklärt, eine Verehrung, die bis heute anhält. Im anglophonen Kanada hingegen galt er bis in die jüngere Gegenwart als Verräter und Geisteskranker, dessen Rebellionen den frühen Bestand der Konföderation ernsthaft gefährdeten. Erst in letzter Zeit änderte sich seine Bewertung durch die anglophone Mehrheit. Bereits 1992 war er per Beschluss des Provinzparlaments zum Gründervater Manitobas erklärt worden. In der Folge wurden zahlreiche öffentliche Gebäude nach ihm benannt und sogar ein Feiertag zu seinen Ehren eingerichtet. Die Generalgouverneurin Adrienne Clarkson, immerhin die Stellvertreterin der Queen als kanadisches Staatsoberhaupt, erklärte in ihrer Antrittsrede 1999 etwas freihändig, Riels Vorgehen habe die Grundlagen für die Entwicklung der Minderheitenrechte in Kanada gelegt. Zwar gibt es immer wieder konservative Proteste aus dem Westen, wenn es um die Würdigung von Riels Leben geht, doch dürfte seine Rehabilitierung mittlerweile allgemein anerkannt sein. Diese erfolgte nicht zuletzt in einer Fernsehsendung, in der der Prozess gegen Riel nachgespielt wurde. Nahezu 90 Prozent der an der Urteilsfindung teilnehmenden Fernsehzuschauer sprachen Riel frei. Und schließlich wurde er in einer weiteren Fernsehsendung, die nach den »größten Kanadiern« fahndete, immerhin auf Platz 11 gewählt und lag damit nur zwei Plätze hinter seinem großen Gegenspieler John A. Macdonald. Im französischsprachigen Kanada hingegen ist der Name Riel eng mit der separatistischen Bewegung verbunden. Mit guten Gründen kann man behaupten, dass der politische Separatismus in Quebec mit Riels Exekution seinen Anfang nahm. Darüber hinaus bezogen sich einzelne separatistischen Terroristenzellen in den späten 1960er Jahren explizit auf Riel als frankophonen Revolutionär, und auch der Bloc Québécois versuchte mehrfach das Erbe Riels politisch zu instrumentalisieren.

Die junge Konföderation wuchs politisch und gesellschaftlich bis zum Ersten Weltkrieg immer enger zusammen. Der Eisenbahnverkehr sicherte den Gütertransport und beförderte den wirtschaftlichen Austausch zwischen den Provinzen, und die politischen Zentralinstitutionen gewannen zunehmend an Einfluss und Respekt. Hauptsächliches identitätsstiftendes Element war neben dem britischen Weltreich allerdings ein zum Teil vehementer Antiamerikanismus. Die Jahre vor dem Ersten Weltkrieg waren auch Jahre enormen Wirtschafts- und Bevölkerungswachstums. 1911 lebten in Kanada bereits über sieben Millionen Menschen, von denen über ein Fünftel nicht in Kanada geboren war. Eine bedeutende Folge dieser Masseneinwanderung vornehmlich aus Europa war, dass die ehemalige frankophone Mehrheit in die Minderheit geriet. Die verstärkte Immigration und die weitgehend gesonderte Existenz der Frankokanadier führte allerdings auch zu einer kulturellen Verinselung, wenn nicht gar Zersplitterung des Landes. Ureinwohner, Briten, Franzosen und Einwanderer lebten zumeist in ethnischen Enklaven, die Lebenswelten der unterschiedlichen Bevölkerungsgruppen berührten sich nur wenig. Kanadas bedingungslose Unterstützung Großbritanniens bei dessen Eintritt in den Ersten Weltkrieg veränderte die Situation allerdings dramatisch, im Guten wie im Schlechten.

Die Bedeutung des Ersten Weltkrieges für das moderne Kanada lässt sich schon daran bemessen, dass man während der zumeist tristen Novembertage überall in Kanada stilisierte rote Mohnblumen zu Hunderttausenden an den Kleidungsstücken sieht. Als Politiker ist es geradezu undenkbar in der Zeit um den *Rememberance Day* am 11. November herum, ohne *poppy* an die Öffentlichkeit zu treten. Und auch zahlreiche meiner Freunde, Kollegen und Studenten trugen eine Mohnblume am Revers, »weil man das eben so macht«. Die *poppies* sind eine Referenz an das in der angloamerikanischen Welt ikonische Gedicht »In Flanders Fields« des kanadischen Militärarztes John McCrae, der damit eines gefallenen Freundes gedenken wollte. Europäische Kriegsschauplätze wie Ypern, Vimy oder Passendale sind den meisten Kanadiern geläufig und werden als Teil des nationalen Erbes erinnert. Als 2010 der letzte kanadische Veteran des Ersten Weltkrieges verstarb, der allerdings nie an einer Schlacht teilgenommen und später die amerikanische Staatsbürgerschaft angenommen hatte, gedachte nahezu die gesamte Presse und Politik des kanadischen Beitrags zum Sieg der Alliierten im Ersten Weltkrieg, der gemeinhin als das *coming of age* Kanadas verstanden wird.

Unmittelbar nach den wechselseitigen Kriegserklärungen der europäischen Mächte bot Kanada Großbritannien seine Unterstützung an, die auch dankbar angenommen wurde. Eine breite Mehrheit der anglophonen Kanadier sah in dieser Unterstützung eine selbstverständliche nationale Pflicht, und selbst auf inneren Ausgleich bedachte Frankokanadier wie der frühere liberale Premierminister Sir Wilfried Laurier teilten diese Auffassung. Das zum größten Teil aus Freiwilligen mit britischer Staatsangehörigkeit gebildete kanadische Expeditionskorps umfasste bis zum Ende des Krieges über 600 000 Menschen, von denen 67 000 getötet und 173 000 verwundet wurden. Waren die kanadischen Truppen zunächst nach ihrer Ankunft auf britische Truppenteile verteilt worden, wurde ab 1915 ein rein kanadisches Korps gebildet, das schließlich auch einen kanadischen Kommandeur erhielt. Auch die Zusammensetzung des Korps änderte sich. Zunächst vornehmlich mit in Kanada lebenden Briten bestückt, lag der Anteil von in Kanada geborenen Kanadiern am Ende des Krieges bei über 50 Prozent. Auch kanadische Ureinwohner und Schwarze durften sich freiwillig melden, doch war auch das kanadische Korps segregiert, so dass diese in eigenen Einheiten kämpfen mussten und ihnen eine höhere Laufbahn verwehrt blieb.

In den französischsprachigen Hochburgen Quebecs wird man auch heute noch weitaus weniger *poppies* sichten, denn für die Frankokanadier war die Teilnahme Kanadas am Ersten Weltkrieg eine zwiespältige Angelegenheit. Insbesondere die frankophonen kanadischen Nationalisten um den ehemaligen liberalen Minister Henri Bourassa beschwörten den drohenden Ausverkauf kanadischer nationaler Eigenständigkeit an die Interessen des britischen Imperialismus. Für einen Sturm der Entrüstung und für ein gewaltsames Aufflammen separatistischen Denkens sorgte die Einführung der Allgemeinen Wehrpflicht 1917, die mit nahezu ausschließlich englischsprachigen Stimmen im Parlament durchgesetzt, allerdings nicht mehr vollständig umgesetzt wurde.

Sicherlich hat die Teilnahme am Ersten Weltkrieg das nationale Selbstverständnis der Kanadier verändert und die noch immer sehr lebendigen Debatten über den Ersten Weltkrieg reflektieren auch heute noch die (kontroversen) Einstellungen zur Nation. Nach dem britisch-kanadischen Mainstream schweißte der Erste Weltkrieg Kanada zu einer Nation zusammen, legte zumindest die Grundlagen für eine politisch und kulturell engere Konföderation, die sich in ihren Orientierungen von Großbritannien emanzipierte. Die Mehrheit der Frankokanadier sieht dies natürlich anders. Sie verweisen darauf, dass Kanadas Teilnahme am Ersten Weltkrieg die Abhängigkeit vom Mutterland zeitweise eher verstärkte und die Bildung einer kanadischen Nation als britisch dominiertes Kanada einleitete. Wie auch immer, der Große Krieg, wie der Erste Weltkrieg auch in Kanada genannt wird, ist sehr viel stärker präsent als in Deutschland und überschattet in seiner Bedeutung für die nationale Identitätsfindung sämtliche späteren militärischen Einsätze der kanadischen Streitkräfte.

Kanadas Beitrag zum Zweiten Weltkrieg war weitaus weniger umstritten, wenngleich es auch hier in der Spätphase zu erneuten Auseinandersetzungen über die Wiedereinführung der Allgemeinen Wehrpflicht kam. Die militärischen Einsätze kosteten zusammengenommen über 40000 Menschen das Leben. Doch markierte der Zweite Weltkrieg in vielerlei Hinsicht eine Wegscheide für die kanadische Gesellschaft. Am Ende des Krieges besaß Kanada, militärisch bislang von nachgeordneter Bedeutung, die viertgrößte Luftwaffe und die drittgrößte Flotte der Welt, mit der weitgehenden Umstellung auf Kriegswirtschaft katapultierte Kanada sich in die industrielle Moderne und schuf diversifizierte Industrien, die auch nach Ende des Krieges Garanten des wirtschaftlichen Wachstums blieben. Außenpolitisch wie wirtschaftlich bewirkte der Krieg eine deutliche Annäherung zwischen Kanada und den USA zu Lasten Großbritanniens. Im Inneren hingegen stachen die Maßnahmen gegen Kanadier japanischer Abstammung negativ heraus. Nach dem japanischen Angriff auf den US-amerikanischen Flottenstützpunkt Pearl Harbour 1941 setzte die Provinzregierung von British Columbia die Internierung und Enteignung von über 20000 Japanern, von denen drei Viertel die kanadische Staatsbürgerschaft besaßen, auch gegen Bedenken Ottawas durch. Joy Kogawa machte in ihrem Anfang der 1980er Jahre erschienen Roman *Obasan*, heute Pflichtlektüre an kanadischen Schulen, auf das tragische Schicksal der Japaner in Kanada eindringlich aufmerksam. Denn auch nach Ende des Krieges wurde das Unrecht gegenüber den Japanern zunächst nicht rückgängig gemacht, und erst Premierminister Brian Mulroney rang sich zu Entschädigungszahlungen an die Überlebenden und, vielleicht noch bedeutsamer, zu einer förmlichen Entschuldigung gegenüber der *Japanese community* in Kanada durch.

Wer eine nahezu ungebrochene Reflexion kanadischer Kriegsgeschichte als Teil der Nationsbildung erfahren möchte, dem sei ein Besuch im *Canadian War Museum* in Ottawa empfohlen. In einer in Deutschland gänzlich unvorstellbaren affirmativen Weise werden vergangene Kriegseinsätze Kanadas in Bezug zur Gegenwart gestellt und als unverzichtbarer Bestandteil der Nationswerdung präsentiert. Allerdings gab es 2007 auch hier eine veritable Debatte, die sich an einer Gedenktafel entzündete, die einerseits den kanadischen Beitrag zum britischen *Bomber Command* im Zweiten Weltkrieg würdigte, andererseits auf die ca. 600 000 Bombenopfer in Deutschland verwies. Den Veteranenverbänden ging die Relativierung ihrer Heldentaten zu weit, so dass sie die Museumsleitung dazu zwangen, den Text der Tafelinschrift in ihrem Sinne zu ändern. Randall Hansen, ein an der University of Toronto lehrender befreundeter Kollege, erhielt körbeweise *hate mails* und gar Morddrohungen, weil er es in seinem Bestseller *Fire and Fury* gewagt hatte, den britischen Luftkrieg im Unterschied zum amerikanischen als unethisch, teilweise ungesetzlich und uneffektiv zu bezeichnen. So kennt auch die kanadische Vergangenheitsschau Tabus, an denen zu rütteln das nationale Selbstverständnis zumindest des britischen und weißen Kanada noch immer zu erschüttern droht.

Wohlstand und Wohlfahrt – Kanada nach dem Zweiten Weltkrieg

Im Laufe des letzten Jahrzehnts präsentierten viele Fernsehstationen in der Welt ein neuartiges Fernsehformat, das die Zuschauer aufforderte, sich auf die Suche nach »den Großen« des Landes zu begeben. Während in den meisten Staaten große (Staats-)Männer und Militärs, vielleicht noch Dichter und Denker auf den vorderen Plätzen landeten, wählte das kanadische Fernsehpublikum einen Mann zum *Greatest Canadian*, den außerhalb Kanadas wohl nur eine kleine Minderheit kennt:

Thomas Clement »Tommy« Douglas, Premierminister der Provinz Saskatchewan von 1944 bis 1961, Sozialdemokrat und Begründer der New Democratic Party sowie Vordenker und energischer Advokat des kanadischen Krankenversicherungssystems.

Zwar nörgeln nicht wenige Kanadier über dessen Ineffektivität. Lange Wartezeiten in Krankenhäusern führen eine stattliche Zahl an *celebrities* des öffentlichen Lebens in amerikanische Privatkliniken, und aus eigener Erfahrung kann ich sagen, dass ein sowieso schon unangenehmer Aufenthalt in einer durchschnittlichen kanadischen Notaufnahme tatsächlich kein Zuckerschlecken ist. Auch die Weltgesundheitsorganisation hat das kanadische Krankenversicherungssystem eher kritisch bewertet und auf Platz 30 in einer (natürlich umstrittenen) weltweiten Bewertungstabelle gesetzt. Gleichwohl wird einem mehrheitlich mit großem Stolz bedeutet, dass Kanada im Unterschied zu den USA ein universales Krankenversicherungssystem hat und daher keine Unversicherten, die sich den Gang zum Arzt nicht leisten können, kennt. Die staatliche kanadische Krankenversicherung in ihren Grundzügen war maßgeblich das Werk von Tommy Douglas. Geprägt von eigenen Krankheitserfahrungen in seiner Kindheit, vom Arbeiterelend in seiner Heimatstadt Winnipeg und von den extremen Dürren in den Prairie-Provinzen während der 1930er Jahre, stellte Douglas sein politisches Leben ganz in den Dienst der Durchsetzung sozialer Gerechtigkeit und staatsbürgerlicher Rechte. In der von ihm geführten Provinz Saskatchewan schuf er quasi aus dem Nichts und gegen vehemente Widerstände der Einkommensverluste fürchtenden Ärztelobby erfolgreich ein staatliches Krankenversicherungssystem, das, auf einkommensabhängigen Einzahlungen und staatlichen Subventionen basierend, allen Einwohnern der Provinz eine kostenlose ärztliche Behandlung garantierte. Dieses Modell wurde unter Führung des liberalen Premierministers Lester B. Pearson auf Bundesebene Mitte der 1960er Jahre umgesetzt, wobei Bund und Provinzen sich die Kosten teilen. Die jeweilige Organisation der staatlichen Krankenversicherung obliegt aber den Provinzen, so dass heutzutage graduelle Unterschiede in den Krankenversicherungsleistungen in den verschiedenen Provinzen bestehen.

Kanada besitzt auch heute noch, trotz zahlreicher Kürzungen und Streichungen in den letzten Jahren, ein gut ausgebautes Sozialsystem. Die Grundlagen dafür waren in den beiden Jahrzehnten zwischen den Weltkriegen gelegt worden, zunächst zaghaft durch die Einführung einer Rentenversicherung, im Zuge der Weltwirtschaftskrise und des Zweiten Weltkrieges beschleunigter u.a. durch Maßnahmen wie die Einführung einer Arbeitslosenversicherung, die Vergabe zinsgünstiger staatlicher Kredite für den privaten Wohnungsbau oder die Einführung eines Kindergeldes. Noch allerdings blockierten die komplizierten Beziehungen zwischen dem Bundesstaat und den Provinzen den Durchbruch des interventionistischen Bundesstaates, der allein flächendeckende soziale Reformen hätte finanzieren können. Erst der Zweite Weltkrieg und die damit einhergehende Zentralisierung staatlicher Aufgaben ermöglichten die Abkehr von einer Politik, die bis dahin vornehmlich auf die Selbstheilungskräfte der Märkte gesetzt hatte. Unter dem legendären Premierminister Pierre Elliott Trudeau, der das Amt mit einer kurzen Unterbrechung zwischen 1968 und 1984 innehatte, wurden unter dem programmatischen Titel der *Just Society* Elemente des Wohlfahrtsstaates mit erweiterter staatsbürgerlicher Partizipation und mit der Gewährung weitgehender Minderheitenrechte zu einem politischen Gesamtkunstwerk verknüpft, das bei allem Wandel die Grundlage des gegenwärtigen Kanada bildet.

Warum, liegt nun nahe zu fragen, ist in Kanada möglich, was in den USA bis auf den heutigen Tag umstritten, zum Teil undenkbar ist: eine in allen Provinzen fest im Parteiensystem etablierte Sozialdemokratie und ein auf Umverteilung von Vermögen basierender Sozialstaat? Wie bereits bemerkt, entwarf sich Kanada nicht zu einem utopischen Gegenstück zu Europa, sondern es blieben die alten politischen, sozialen und kulturellen Bindungen vor allem bei britischen Einwanderern erhalten. Seit der Jahrhundertwende um 1900 strömte eine Vielzahl britischer Arbeiter nach Kanada, die sich als ethnisch homogene Gruppe in ihrer neuen Heimat rasch gewerkschaftlich organisierten und sozialistisches bzw. sozialdemokratisches Gedankengut in die politischen Diskussionen einbrachten. Obwohl die Gewerkschaftsbewegung bis in die 1930er Jahre hinein massiv unterdrückt wurde, hatte sie ganz erheblichen Anteil an der Ausbildung einer kanadischen Mittelklasse. Noch heute sind 30 Prozent aller abhängig Beschäftigten in Kanada Mitglied einer Gewerkschaft, die aufgrund ihres Einflusses auch heute noch politisch gern die Muskeln spielen lässt. In der Nähe von Montreal existierte lange Jahre der weltweit einzige, aber mittlerweile geschlossene Wal-Mart, dessen Belegschaft gewerkschaftlich organisiert war und Arbeitnehmervertreter wählen durfte. Hauptgrund dürfte allerdings die moderate, reformistische Haltung der sozialdemokratischen Parteien in der kanadischen Geschichte gewesen sein, die sich, insbesondere in den *Prairies*, mit christlichen Sozialbewegungen zu verbünden verstanden. Die heutige New Democratic Party (NDP) bildet mit 101 Parlamentsabgeordneten derzeit die offizielle Opposition zur konservativen Harper-Regierung, während die traditionsreiche Liberale Partei mit gerade einmal 34 Sitzen ein Schattendasein fristet. Das Bemerkenswerte daran ist, dass die NDP in Quebec, bislang alles andere als eine Hochburg der föderalen Sozialdemokraten, allein 58 Sitze errang. Denn dort macht ihr eine andere sogenannte sozialdemokratische Partei den Rang streitig, die sezessionistische Parti Québécois. Auch in Kanada stellte niemals eine sozialdemokratische Partei die Regierung auf Bundesebene – auf Provinzebene hingegen bereits mehrfach –, doch verstand es die NDP geschickt, ihre zeitweilige Schlüsselfunktion als Mehrheitsbeschaffer einzusetzen, um sozialdemokratische Ideen in den politischen Mainstream einzuspeisen. Bei allen inhaltlichen Unterschieden zwischen den großen Parteien, die grundlegenden Elemente der Sozialgesetzgebung wie der Staatsbürgerrechte sind nahezu unumstritten, so dass man auch im Falle von Kanada nach 1945 von einem sozialdemokratischen Zeitalter sprechen kann.

Eine Geschichte des kanadischen Wohlfahrtsstaates wäre unvollkommen, wenn in ihr als komplementäres Element die private Empathie und Hilfsbereitschaft fehlte. Nichts illustriert mehr die sehr kanadische Tugend der direkten persönlichen Hilfe als die Geschichte von Terry Fox und seinem *Marathon of Hope*. Bei dem jungen Leichtathleten Terry Fox wurde im Alter von 18 Jahren Knochenkrebs diagnostiziert, so dass ein Bein amputiert werden musste. Um die Öffentlichkeit auf die Defizite in den medizinischen Behandlungsmöglichkeiten hinzuweisen, plante Fox einen Lauf quer durch Kanada, für den er jeden Tag die Strecke eines Marathons absolvieren wollte. Nach über 5000 gelaufenen Kilometern, ungefähr die Strecke von St. Johns in Neufundland bis nach Thunder Bay in Ontario, musste Fox seinen Lauf abbrechen. Er verstarb nur wenige Monate später. Noch in seinen letzten Lebensmonaten wurde Fox zur nationalen Ikone und mit Ehrungen überhäuft. Bis zu seinem Tod im Frühsommer 1981 wurden etwa 30 Millionen kanadische Dollar für die Krebshilfe gespendet und die jährlich auf der ganzen Welt stattfindenden Terry-Fox-Läufe haben bislang über eine halbe Milliarde kanadischer Dollar an Spenden eingebracht. Bei der eingangs erwähnten TV-Show wurde Terry Fox übrigens nach Tommy Douglas zum »zweitgrößten Kanadier« gewählt.

Ermöglicht wurde die kostspielige Finanzierung des Wohlfahrtsstaates nicht zuletzt durch ein nahezu 25 Jahre andauerndes kanadisches Wirtschaftswunder nach dem Zweiten Weltkrieg, welches das Land zu den reichsten Nationen auf der Erde machte. Mehrere Faktoren waren dafür verantwortlich: Nicht nur die kanadische Politik, auch die kanadischen Industrien emanzipierten sich von Großbritannien und verflochten sich eng mit der US-amerikanischen Wirtschaft. Flankiert von Wirtschafts- und Handelsabkommen konnte so amerikanisches Kapital nach Kanada fließen, während umgekehrt Kanada die USA mit Rohstoffen und Industrieprodukten belieferte. Doch darüber hinaus gelang es Kanada auch, sich als signifikanter Akteur auf dem Weltmarkt zu etablieren. In Alberta setzte ein erster Öl-Boom ein, der die Provinz schließlich zur reichsten (und mittlerweile sehr einflussreichen) in Kanada machen sollte. Doch nicht zuletzt waren es die ununterbrochenen Einwandererströme, zunächst aus dem kollabierenden britischen Weltreich und aus Mittel- und Südeuropa, doch langsam auch zunehmend aus anderen, bislang bewusst von der Immigration ausgeschlossenen Regionen der Welt, welche die für die Absicherung des erreichten Wohlstands nötigen Wissens- und Arbeitsressourcen stellten.

In den 25 Jahren nach dem Zweiten Weltkrieg hat Kanada sich als eines der reichsten Länder der Welt etabliert, das seinen Einwohnern bis heute einen extrem hohen Lebensstandard sichert. Kanadischer Patriotismus, der durchaus offen und mit Stolz, noch selten aber mit Überheblichkeit zur Schau getragen wird, orientiert sich vornehmlich nach solchen Einschätzungen und Bemessungen und weniger nach Macht- und Herrschaftskriterien. *A pretty good place to live, eh!* ist die allgemeine Selbsteinschätzung, der in Bezug auf Wohlstand, soziale Absicherung und soziale Mobilitätschancen kaum zu widersprechen ist.

Mit dem ökonomischen und sozialen Aufbruch ging auch ein neuer Politikstil einher, der sich am ehesten an dem wohl bedeutendsten Premierminister in der Geschichte Kanadas festmachen lässt: Pierre Elliott Trudeau, der charismatische Frankokanadier, der fast zwei Jahrzehnte mit seiner Liberalen Partei die Politik des Landes dominierte. Der ehemalige Herausgeber der *Zeit*, Theo Sommer, beschrieb 1968 den jungen Premierminister bewundernd, aber noch etwas skeptisch »als eine gelungene Kreuzung von Bobby Kennedy und Ralf Dahrendorf, dazu ein Schuss Dutschke und Gunter Sachs – und das Ganze hinter der Maske eines heiter-gelösten Professors Barnard«. Trudeau war in jeder Hinsicht Nonkonformist, ein geradezu philosophisch anmutender Visionär, der jedoch nie den Blick für das Machbare verlor. Sein opulenter Lebensstil – berühmt die Vorlieben für schnelle Luxussportwagen – sein gutes Aussehen und seine intellektuelle wie soziale Gewandtheit machten ihn zum Idol einer ganzen Generation von Kanadiern. Zwar schwächte sich die *Trudeaumania*, die emotionale Verehrung des Premierministers als *celebrity*, nach seiner Heirat 1971 etwas ab, doch wuchs dafür umso mehr die Achtung seiner Anhänger vor seinen politischen Leistungen: Auf internationaler Ebene trug er die Interessen Kanadas gleichermaßen selbstbewusst wie charmant vor; innenpolitisch bleiben mit seinem Namen die Bewahrung der Einheit Kanadas, die Implementierung des Bilingualismus und Multikulturalismus und die Verabschiedung einer Verfassung für Kanada untrennbar verbunden.

Die *Révolution tranquille* und der Separatismus in Quebec

Die Dynamik der ökonomischen Entwicklung hatte natürlich auch Quebec erfasst, wenngleich weitaus schwächer als im industriellen Kernland Ontario oder in den rohstoffreichen Provinzen im Westen. Die frankophone Bevölkerung aber profitierte kaum davon. Montreal, das lange Zeit unumstrittene Wirtschafts- und Kulturzentrum Kanadas, erlebte aufgrund der Neuorientierung der kanadischen Wirtschaft in Richtung USA einen relativen Abstieg. Doch von wenigstens ebenso großer Bedeutung war, dass der gesellschaftliche und kulturelle Modernisierungsschub Kanadas in der Provinz Quebec verspätet einsetzte.

Grund dafür war nicht zuletzt *La Grand Noirceur*, die langen und zuletzt tatsächlich »dunklen« Jahre unter Premierminister Maurice Duplessis, der mit einer kurzen Unterbrechung von 1936 bis 1959 die Geschicke der Provinz lenkte. Langjähriger Vorsitzender der *Union nationale*, einem Zusammenschluss frankophoner Traditionalisten, Nationalkonservativer und katholischer Sozialreformer, stützte er sich mit seinem nationalistischen, agrarromantischen, aber gleichzeitig auch industriefreundlichen Programm in erster Linie auf die frankophone Landbevölkerung Quebecs. Ohne den Austritt Quebecs aus der kanadischen Föderation explizit zu verfolgen, forderte er den Bundesstaat durch seine eigenwilligen Alleingänge immer wieder heraus. In Quebec beförderte er zwar die Elektrifizierung der ländlichen Gegenden, doch unternahm er nur wenig gegen die bedrückende Armut und den niedrigen Bildungsstand auf dem Lande. In allen vergleichenden Sozialstatistiken hinkte Quebec den anderen Provinzen hinterher. Als »dunkel« werden die letzten Jahre unter Duplessis vor allem bezeichnet, weil der strikte Antikommunist ein antiliberales Klima und ein korruptes Patronagesystem bis hin zum offenen Wahlbetrug in der Provinz beförderte, Gewerkschaften zu unterdrücken versuchte und vor allem weitreichende soziale Reformen in die Obhut der katholischen Kirche gab. Im Unterschied zum restlichen Kanada waren das Sozial- und das Bildungswesen in Quebec nahezu vollständig in der Hand der

Kirche, welche die traditionale Gesellschaftsform zum eigenen Vorteil zu bewahren suchte.

Nach dem Tod Duplessis gewann die Liberale Partei unter Jean Lesage bei den Wahlen von 1960 zum Provinzparlament, die neben dem Erdrutschsieg der separatistischen Parti Québécois 1976 als die bedeutendsten in der Geschichte Quebecs bewertet werden, die absolute Mehrheit und begann ein umfassendes Modernisierungs- und Reformwerk, an dessen Ende die Säkularisierung der Provinz und die Entmachtung der katholischen Kirche stehen sollten. Unter dem Slogan *Maîtres chez nous* sollte der frankophonen Bevölkerungsmehrheit, bislang Bürger zweiter Klasse, »ihr« Quebec zurückgegeben werden. So betrieb die Regierung auch die Verstaatlichung von Versorgungs- und Rohstoffunternehmen von zentraler Bedeutung, um die angloamerikanische Wirtschaftsdominanz zu brechen und frankophone Experten in einflussreiche Stellen zu befördern. Dabei entstand beispielsweise der Staatskonzern Hydro-Quebec, heute weltweit größter Betreiber von Wasserkraftwerken. Die Erschließung und Ausbeutung natürlicher Ressourcen, die den Franzosen in Quebec zugutekommen sollte, wurde jedoch mit einer für die Zeit typischen Brutalität durchgeführt, die auf angestammte Landrechte der First Nations ebenso wenig Rücksicht nahm wie auf die Verwundbarkeit der natürlichen Umwelt.

Herzstück der Reformen war die Säkularisierung von Bildung, Krankenversorgung und sozialer Dienstleistungen, die der Kontrolle der Kirche entzogen wurden. Bis dahin hatte das frankophone Quebec den mit Abstand niedrigsten Bildungsstandard aller Provinzen, der Zugang zu Universitäten blieb den *Québécois* weitgehend verwehrt. Kindergärten, allgemeinbildende Schulen und Universitäten, keine Bildungsinstitution war von der Modernisierung ausgeschlossen. Zwar blieben die konfessionellen Kindergärten und Schulen (bis heute) bestehen, doch kamen sie unter staatliche Obhut und wurden mit standardisierten Curricula versehen. Die Université de Montréal wurde sukzessive zu einer erstklassigen französischsprachigen, staatlichen Hochschule umgebaut, nicht zuletzt, um ein Gegengewicht zur anglophonen McGill University zu schaffen, an der nur eine winzige Minderheit frankophoner Quebecer studieren konnte. Die staatliche Übernahme der Sozial- und Krankenversicherungssysteme ließ die – nun mehrheitlich frankophone – Bürokratie ins schier Unermessliche anwachsen. Innerhalb von nur einem Jahrfünft verdreifachte sich der Staatshaushalt der Provinz, und noch heute hat Quebec die in Kanada mit Abstand höchste Staatsquote, sehr zum Missfallen neoliberaler Kräfte vor allem im Westen des Landes. In Quebec ist die Trennung von Staat und Kirche im Unterschied zum restlichen Kanada mittlerweile in der Verfassung festgeschrieben, und jede Tendenz, diesen Grundsatz auszuhöhlen, wird von den *Québécois* mehrheitlich empört zurückgewiesen.

Die Stadt Montreal, die einerseits wirtschaftlich fest in der Hand anglophoner Eliten und andererseits von der Regierung Duplessis weitgehend vernachlässigt worden war, erlebte einen phänomenalen Wiederaufstieg. Fast zeitgleich mit Lesage wurde Jean Drapeau zum Bürgermeister von Montreal gewählt, ein Amt, das er bis 1986 innehatte. Unter seiner Ägide wurde Montreal städtebaulich in die Moderne katapultiert und als Schaufenster des frankophonen Kanadas der Welt präsentiert. Große Infrastrukturprojekte, wie der Ausbau des Flughafens (heute Aéroport international Pierre-Elliott-Trudeau de Montreal), der Bau der Métro de Montreal, die Neubelebung der Altstadt, korrespondierten mit fulminant internationalen Zurschaustellungen, so der Weltausstellung 1967 mit grandiosen Vermächtnissen wie die *Biosphére* (heute ein Umweltmuseum) von Buckminster Fuller oder der Wohnanlage Habitat 67 des damals völlig unbekannten Architekten Moshe Safdi und den Olympischen Sommerspielen von 1976. Dass die Vielzahl dieser Jahrhundertprojekte Stadt und Provinz an den Rand des Bankrotts trieben, war ein negativer und noch heute spürbarer Effekt dieser allumfassenden Modernisierungsleistungen. Der berühmte 175 Meter hohe schiefe Turm des *Stade olympique*, im englischen Volksmund *The Big Owe* (etwa als »Die großen Schulden« zu übersetzen) genannt, konnte aufgrund der horrenden Kosten erst 1987 fertiggestellt werden. Die Schulden aus der Organisation der Olympischen Spiele wurden gar erst 2006 vollständig abgetragen. Heute ist Quebec der mit Abstand größte Nettoempfänger von *equalization payments*, dem kanadischen Pendant zum deutschen Länderfinanzausgleich.

Die Forderung, endlich Herr im eigenen Haus zu werden, ging allerdings auch einher mit der Entstehung einer neuartigen Form des Nationalismus in Quebec. Auf der Ebene der Provinz bedeutete dies zunächst die systematische Förderung der französischen Sprache und der frankophonen Bevölkerung, um die bestehenden Ungleichheiten zu überwinden. Angesichts der englischsprachigen Übermacht in Nordamerika und der zunehmenden Selbstwahrnehmung als »belagerte Nation« radikalisierte sich die Sprachenpolitik der Provinz zusehends. Die von der separatistischen Parti Québécois 1977 verabschiedete *Charte de la langue française* erhob das Französische zur alleinigen Amtssprache in Quebec und legte zahllose Regeln und Quoten zum Schutz der französischen Sprache in der Öffentlichkeit fest. Zwar ist die Provinz im südlichen Teil de facto weiterhin bilingual und genießen das Englische sowie die Sprachen der Ureinwohner ebenfalls Schutzrechte, doch vertrieb nicht zuletzt die Sprachenpolitik eine signifikante Zahl anglophoner *Québécois* und Unternehmen aus der Provinz, eine Entwicklung, von der insbesondere Toronto, das neue Finanz- und Handelszentrum Kanadas, profitierte.

Auch versuchte Quebec zumindest kulturell eine eigenständige Außenpolitik zu verankern. Wer heute in Berlin an einer günstigen Stelle zwischen Leipziger Platz und Brandenburger Tor steht, wird mit dem einen Auge die kanadische Nationalflagge mit dem roten *Maple Leaf*, mit dem anderen Auge die *Fleurdelisé* sehen. Die eine Flagge hängt an der kanadischen Botschaft, die andere am Berliner Büro der Vertretung Quebecs in Deutschland. Der deutsche Hauptsitz ist in München. Bereits in den späten 1960er Jahren hatte die Regierung Lesage mit dem Aufbau eines eigenen internationalen Netzwerks begonnen, indem sie mehrere *Maisons du Québec* als verkappte Botschaften einrichtete. Dieses Vorgehen wurde von der Bundesregierung strikt abgelehnt, doch mittlerweile haben sich die Häuser als Zentren der Kulturvermittlung und der regionalen Wirtschaftsförderung fest etabliert und auch in den anglophonen Provinzen Nachahmer gefunden. Besondere Bedeutung erhielten die Beziehungen zu Frankreich und der frankophonen Welt im Allgemeinen, die gelegentlich auch weit über harmlosen kulturellen Austausch hinausgingen. Als Charles de Gaulle

1967 unter Missachtung sämtlicher protokollarischer Gepflogenheiten die Weltausstellung in Montreal besuchte, ohne den Umweg über Ottawa zu machen, und am Ende einer Rede das »freie Quebec« hochleben ließ, stürzte er die frankophonen Zuhörer zwar in einen rauschartigen Freudentaumel, initiierte aber vor allem eine ernsthafte und anhaltende diplomatische Verstimmung zwischen Kanada und Frankreich, wie so manch andere unbedachte Äußerung französischer Politiker zur Quebec-Frage.

Einer der jungen Stars in der Regierung Lesage war der Journalist René Lévesque, der bald zum Wortführer des separatistischen Flügels in der Liberalen Partei Quebecs wurde. Da er sich innerparteilich mit seinen Ansichten nicht durchsetzen konnte, gründete er 1968 die Parti Québécois – nicht zu verwechseln mit dem Bloc Québécois, der zwar nahezu identische Positionen vertritt, aber in einer für Kanada üblichen Art politischer Arbeitsteilung nur auf Bundesebene zu Wahlen antritt –, eine linksdemokratisch ausgerichtete Partei, die anstelle weitreichender Autonomie innerhalb der kanadischen Föderation nationale Souveränität für Quebec einforderte. Mit einem Erdrutschsieg gewannen die Parti Québécois 1976 die Mehrheit der Sitze im Provinzparlament, und Lévesque wurde zum Premierminister gewählt. Neben der Sprachenpolitik war die Vorbereitung einer Volksabstimmung über die Aufnahme von Verhandlungen zur staatlichen Souveränität Quebecs hauptsächlicher Programmpunkt. Bei einer Wahlbeteiligung von 85 Prozent lehnten beim ersten *Quebec Referendum* von 1980 allerdings 60 Prozent der Wähler die Sezession ab, so dass sich die Parti Québécois auf schwierige Verhandlungen mit der Bundesregierung und den anderen kanadischen Provinzen über eine Neuordnung der Konföderation einlassen musste.

Eine Minderheit der Quebecer Nationalisten wählte den Weg der Gewalt, um die Forderung nach nationalstaatlicher Unabhängigkeit durchzusetzen. Der 1963 gegründete marxistische *Front de libération du Québec* (FLQ) übersäte die Provinz mit einer Welle terroristischer Gewalt, die letztlich die gesamte kanadische Konföderation in eine tiefe Staatskrise stürzte. Im Oktober 1970 entführten die *Felquistes*, so der Name der Anhänger des FLQ, innerhalb weniger Tage den Leiter der britischen

Handelsdelegation in Montreal sowie den Arbeitsminister der Provinz, der nur kurze Zeit später ermordet aufgefunden wurde. Angesichts der bedrohlichen Lage rief die Bundesregierung Trudeau den Notstand aus und berief sich erstmals außerhalb von Kriegszeiten auf den *War Measures Act*, durch den staatsbürgerliche Rechte auf Zeit ausgesetzt und das kanadische Militär aktiviert wurden. Die Eskalation der Gewalt ließ den FLQ weitgehend jeden Rückhalt in der Bevölkerung verlieren, so dass die meisten seiner Anhänger später zu jenen Parteien überliefen, die den Weg in die Unabhängigkeit auf friedlichem Wege suchten.

Die »stille Revolution« war ein Prozess, der letztlich nahezu 20 Jahre andauerte. Das heutige Quebec scheint Jahrhunderte entfernt von jener Provinz, die lange Zeit fest im Griff eines reaktionären Katholizismus gewesen war. Diese Phase beschleunigten Reformen, insbesondere die scharfe Trennung zwischen Staat und Kirche bleibt weiterhin Orientierungspunkt aller Parteien in Quebec und wird nahezu ohne Widerspruch mit großem Pomp gefeiert. Das Phänomen und manchmal auch das Problem des Nationalismus in Quebec ist geblieben. Während einerseits das erneuerte Selbstbewusstsein der Frankokanadier in Quebec enorm produktiv wirken kann und einen bedeutenden Teil zum kulturellen Mosaik Kanadas beiträgt, irritieren noch immer der ethnisch-kulturell begründete Separatismus und die Tendenz zur Nichtachtung der gesellschaftlichen Pluralität Kanadas wie auch Quebecs.

Seit der erneuten Ablehnung einer Sezession Quebecs durch eine hauchdünne Mehrheit im Referendum von 1995 ist die Frage der Abspaltung Quebecs von Kanada nicht mehr gestellt worden. Ursache dafür ist einerseits ein Urteil des obersten kanadischen Gerichts, dass Quebec gar nicht das Recht habe, sich einseitig von Kanada abzuspalten und das die Anforderungen künftiger Referenden sehr hochschraubte, andererseits sind es auch neue Verhandlungen zwischen Bundesstaat und Provinz über deren Status in Kanada. War bis in die 1990er Jahre Quebec noch als distinkte Gesellschaft anerkannt, so war es ausgerechnet der aktuelle konservative Premierminister Stephan Harper, der eine Abstimmung im Bundesparlament initiierte, in der mehrheitlich zugestanden wurde, dass Quebec eine »eigenständige Nation innerhalb eines geeinten Kanada« bildet. Gemeinhin wird anerkannt, dass der kanadische Bundesstaat, sehr zum Missfallen der westlichen Provinzen, weitreichende Konzessionen an Quebec gemacht hat. Auch deshalb ist der politische Separatismus derzeit und in der nächsten Zukunft nicht mehrheitsfähig. Zudem haben sich auch die Forderungen der Separatisten gemildert. Schon beim Referendum 1995 wurde zwar die Loslösung von Kanada diskutiert, eine weitere enge wirtschaftliche und politische Zusammenarbeit jedoch nicht in Frage gestellt.

Je me souviens (»ich erinnere mich«) lautet das Motto der Provinz, das millionenfach auf den Autokennzeichen zu lesen ist. Umstritten war und ist die Frage, woran man sich erinnern soll. Richtet sich das Motto an die Besucher der Provinz, die ihre Eindrücke möglichst nicht vergessen sollen? Oder ist das *Québec libre* angesprochen, das sich der langjährigen Unterdrückung durch das britische Kanada und des reaktionären Katholizismus erinnern soll? Oder wird damit auf die französischen Wurzeln und damit die eigene Identität der *Québécois* verwiesen? Wird in Quebec darüber noch immer fröhlich gestritten, so ist dem Autor vor allem in Erinnerung geblieben, dass das moderne Quebec sich in der Tat zu einer einzigartigen Provinz in Kanada, ja in ganz Nordamerika entwickelt hat.

Auf dem Weg zur multikulturellen Gesellschaft – Kanada als Einwanderungsland

Von Beginn seiner Existenz an war Kanada ein Einwanderungsland und ist es auch heute noch. Die First Nation und Inuit ausgenommen, sind sämtliche Einwohner des Landes Abkömmlinge von Immigranten. Die modernen kanadischen Einwanderungsregelungen und mit Einschränkungen auch das Konzept der multikulturellen Gesellschaft werden in Deutschland breit rezipiert und mittlerweile auch als Vorbild für Reformen hierzulande wahrgenommen. Das war bekanntermaßen nicht immer so. Doch auch in Kanada haben sich die gegenwärtigen liberalen Einstellungen zu Einwanderung, Integration und kultureller Vielfalt nur allmählich und beschleunigt erst seit den 1960er Jahren herausgebildet. Sie waren dabei weniger Resultat einer natürlich-evolutionären Entwicklung in einem klassischen Einwanderungsland, wie uns in Deutschland oftmals zu erklären versucht wird, sondern das Ergebnis einer politischen Willensentscheidung – und zwar einer Entscheidung, die bewusst mit den Traditionen der Vergangenheit brach.

Die Einwanderung nach Kanada lässt sich grob in fünf Phasen unterteilen. In den ersten 200 Jahren der europäischen Besiedlung des Kontinents bis 1812 setzten sich die dauerhaft ansässigen Neuankömmlinge aus französischen Siedlern in Acadia und Quebec, britischem Militärpersonal sowie ein paar hundert Pelztierjägern und -händlern zusammen. Zerstörungen, Umsiedlungen und Vertreibungen galten als legitimes Mittel, so dass von einer echten Siedlungskontinuität, von einigen Orten in Quebec abgesehen, nicht wirklich die Rede sein kann. Mit dem Zustrom von etwa 50 000 britischen Loyalisten aus dem Süden vorwiegend in die Atlantikprovinzen, ins südliche Ontario und ins östliche Quebec erhielt Kanada einen signifikanten Zuwachs. Weitere 30 000 amerikanische Siedler zogen in diesem Zeitraum nach Norden, hauptsächlich wegen der Erwartung auf Zuteilung größerer Landparzellen.

Nach Ende des Krieges von 1812 hielt die britische Kolonialverwaltung wie nach 1867 auch die Regierung der Konföderation an dem Grundsatz fest, vorzugsweise englischsprachige und protestantische Siedler gezielt anzuwerben. So sollte einerseits die Gefahr einer amerikanischen Expansion gebannt, andererseits die französische Bevölkerung in Quebec marginalisiert werden. Eine gewichtige Ausnahme bildeten Hunderttausende von (mehrheitlich katholischen) Iren, die insbesondere nach der großen Hungersnot Ende der 1840er Jahre als billige Arbeitskräfte ins Land strömten. Zwar hatte es Einwanderung auch aus Mittel- und Nordeuropa gegeben, doch wirklich ins Gewicht fielen diese Einwanderergruppen erst seit Ende des 19. Jahrhunderts, als Kanada einen enormen Industrialisierungsschub erlebte und außerdem die Prairie-Provinzen systematisch besiedelt werden sollten.

In dieser dritten Phase fächerten sich die weiterhin vornehmlich europäischen Herkunftsländer der Einwanderer breiter aus, erhielten aber auch ethnische, mitunter auch rassistische Auswahlkriterien größere Bedeutung. Mittel- und Osteuropäer, allen voran Deutsche, Polen und Ukrainer, galten aufgrund ihrer »natürlichen Eigenarten« als besonders geeignet, landwirtschaftliche Flächen zu nutzen, und wurden in großer Zahl in Manitoba, Saskatchewan und Alberta angesiedelt, wo sie in sich geschlossene ethnische Enklaven bildeten. Einwanderer aus Südeuropa, in erster Linie aus dem italienischen *Mezzogiorno*, aber auch aus Portugal (hier wiederum überwiegend von den Azoren) und aus Griechenland, wurden hingegen in ihrer Mehrheit in urbanen Zentren ansässig, wo sie als schlecht bezahlte Industriearbeiter eingesetzt, nach ethnischer Herkunft separat von der britisch-protestantischen Mehrheitsgesellschaft lebten und als Einwohner zweiter Klasse behandelt wurden. Noch tiefer in der Einwanderer-Hierarchie standen Juden, Asiaten und Schwarze, bei Letzteren handelte es sich zumeist um Flüchtlinge aus dem Süden der USA, die auch ohne staatlich sanktionierte Segregation offen diskriminiert wurden. Aus Furcht vor der »gelben Gefahr« wurde die chinesische Einwanderung vorwiegend nach British Columbia streng reglementiert. Einerseits wurden chinesische Arbeiter dringend für den Eisenbahnbau benötigt, doch wurde alles unternommen, um die angeworbenen Arbeiter und ihre Familien von einem dauerhaften Aufenthalt in Kanada fernzuhalten. Schon 1885 führte Kanada eine Steuer für einwanderungswillige Chinesen ein, bei der es sich um eine signifikante Kopfpauschale handelte, die auch noch fortwährend erhöht wurde. Mit dem *Chinese Immigration Act* von 1923, der auch als *Chinese Exclusion Act* bekannt ist, wurde die Kopfsteuer zwar abgeschafft, dafür aber die Einwanderung von Chinesen (selbst wenn sie auf dem Gebiet des britischen Commonwealth lebten) nahezu vollständig gestoppt. Erst nach dem Zweiten Weltkrieg wurde das Gesetz zurückgenommen, doch setzte die Einwanderung aus China und anderen Teilen Asiens in großem Umfang erst nach der Liberalisierung der Einwanderungsgesetzgebung 1967 ein.

Die letzte Phase der Immigration begann Anfang der 1960er Jahre, als die kanadische Regierung die Einwanderungsbestimmungen auf eine neue, nichtdiskriminierende Grundlage stellte und somit den Weg für eine breite Zuwanderung auch aus nichteuropäischen Ländern ebnete. 1971 stammte erstmals die Mehrzahl der Einwanderer nicht aus Europa, was sich seitdem auch nicht mehr geändert hat. Zwar haben die Einwanderungsgesetze sich über die Zeit geändert, doch das in den 1960er Jahren eingeführte Grundprinzip blieb bestehen. Für jedes Jahr legt eine Kommission Obergrenzen für die Einwanderung insgesamt und Quoten für die jeweiligen Einwanderungsklassen fest. Diese Klassen unterteilen sich grob in qualifizierte Arbeitskräfte, Familien, Investoren und Unternehmer sowie Flüchtlinge. Derzeit in Deutschland unter besonderer Beobachtung ist das kanadische Punktesystem als Hauptkriterium der Einwanderung, das bereits vor einem knappen halben Jahrhundert eingeführt worden war. Diese von rassistischen und ethnischen Vorurteilen weitgehend befreiten Regelungen hatten tiefgreifende Auswirkungen auf die Zusammensetzung der kanadischen Gesellschaft. So wird geschätzt, dass im zeitlichen Umfeld der Übergabe Hongkongs an China bis zu 70 000 Hongkong-Chinesen die kanadische Staatsbürgerschaft annahmen (was nicht bedeuten muss, dass diese dort auch leben). British Columbia hat einen Bevölkerungsanteil von über zehn Prozent Chinesen, was der Stadt Vancouver den Spitznamen Hongcouver eingebracht hat. Momentan wandern jährlich etwa 250 000 Menschen nach Kanada ein, die Hauptgruppen stammen von den Philippinen, aus Indien und China. Den Löwenanteil von zwei Dritteln stellten 2010 jene Einwanderer, die aus wirtschaftlichen Gründen nach Kanada eingeladen wurden, doch immerhin 22 Prozent kamen im Rahmen der Familienzusammenführung, und noch immer ein knappes Zehntel wurden als Flüchtlinge anerkannt. Wichtig zur Steuerung der Einwanderung ist das Mitspracherecht bzw. sind die eigenen Kontingente der Provinzen. Insbesondere Quebec gelang es auf diesem Weg, die französischsprachige Majorität in der Provinz trotz Geburtenrückgangs abzusichern.

Theorie und Praxis der Einwanderung nach Kanada sind in der Bevölkerung nahezu unumstritten, der zentrale Beitrag der Immigranten zur Erfolgsgeschichte Kanadas wird gemeinhin anerkannt und mittlerweile auch in der Öffentlichkeit repräsentiert. Eindrucksvoll dokumentiert Pier 21 in Halifax, das kanadische Ellis Island und heute *Canadian Museum for Immi-*

gration, die Geschichte der Einwanderung und den Beitrag der *New Canadians* beim Aufbau des Landes. Als sich während der 1990er Jahre vom Westen Kanadas aus mit der Reform Party unter Preston Manning eine populistische Protestpartei kritisch zur liberalen Einwanderungsgesetzgebung, zu weitreichenden Minderheitenrechten und zum Multikulturalismus äußerte, rückte die Mehrzahl auch sympathisierender Kanadier von den extremen Positionen der Partei ab. Im linken politischen Spektrum wird die gesteuerte Einwanderung nach Kanada gelegentlich wegen der Suche nach *design immigrants*, also (vornehmlich ökonomisch) wünschenswerten und verwertbaren Immigranten, kritisiert. Alles in allem besteht jedoch breiter Konsens über die Notwendigkeit von Einwanderung und über ihre auch kulturell bereichernden Effekte für die kanadische Gesellschaft. An dieser Einstellung hat auch der ökonomische Abschwung der letzten Jahre nichts geändert.

Einwanderungspolitik ist jedoch nur eine Seite, die andere, nicht weniger bedeutsame, ist der gesellschaftliche Umgang mit Einwanderern nach ihrer Ankunft. Lange Zeit überließ die englischsprachige und protestantische Bevölkerungsmehrheit die *New Canadians* ihrem Schicksal, versuchte sich sozial und kulturell möglichst vollständig von ihnen abzuschotten. Eine Erfolgsgeschichte vom geradezu automatischen Aufstieg und weitreichenden Glücksversprechungen konnte und wollte Kanada seinen Einwanderern nicht bieten. So entstanden weitgehend getrennte ethnische Enklaven, mitunter auch Ghettos auf dem Land und in den großen Städten. Heute ist Kanada hingegen von einer wohl einmaligen Willkommenskultur gegenüber Einwanderern aus aller Welt geprägt. Staatliche Behörden, private Organisationen und Nachbarn erkundigen sich zum Teil noch Jahre nach der Ankunft der Immigranten nach deren Fortschritten bei der Integration. Kanadier gelten als Weltmeister der *political corectness*. Die offene Willkommenskultur und der empathische Umgang mit Minderheiten haben auch ihren sprachlichen Niederschlag gefunden: Einwanderer werden als *New Canadians* bezeichnet, die Ureinwohner werden schon lange nicht mehr diskriminierend Indianer und Eskimos, sondern First Nations und *Inuit* genannt, und im Unterschied zu Deutschland ist der öffentliche Diskurs über Einwanderung und Integration von einer besonderen sprachlichen Sensibilität geprägt. Nicht übertrieben ist die Vermutung, dass so manche öffentliche Verlautbarung zu Einwanderern in Deutschland in Kanada wohl als *hate crime* eingestuft und strafrechtlich verfolgt werden würde. Der große Politik- und Einstellungswandel ist mit einem schillernden – und in Deutschland oftmals sehr vereinfacht rezipierten – Schlagwort verbunden: Multikulturalismus. Die Ursprünge der Politik des Multikulturalismus gehen auf die Einsetzung einer Kommission zur Lösung des englisch-französischen Sprachen- und Kulturkonflikts unter Lester B. Pearson in den 1960er Jahren zurück. Angesichts der Radikalisierung von Forderungen nach nationaler Eigenständigkeit in Quebec empfahl die *Royal Commission on Bilingualism and Biculturalism* unter anderem, Kanada offiziell zu einem zweisprachigen Land zu erklären (was 1969 auch geschah) und Eltern die Möglichkeit zu bieten, ihre Kinder in der (Amts-) Sprache ihrer Wahl unterrichten zu lassen. Neben einigen Konservativen, die hinter dem Bikulturalismus einen Anschlag auf die nationale Einheit vermuteten, meldeten sich jene Einwanderergruppen als »dritte Kraft« zu Wort, die weder einen anglophonen noch einen frankophonen kulturellen Hintergrund hatten und sich nun wiederum marginalisiert fühlten. Insbesondere die zahlreichen Kanadier ukrainischer Abstammung in den Prairie-Provinzen – in Kanada leben nach der Ukraine und Russland die meisten Ukrainer weltweit – meldeten sich laut- und argumentationsstark zu Wort und kritisierten, dass die Idee des Bikulturalismus an den Realitäten in ihren Lebenswelten vorbeiginge. Die politische Durchsetzung des Multikulturalismus schließlich ist eng verbunden mit dem Namen von Pierre Elliott Trudeau. 1971 verkündete er kanadisch-kompliziert das *Announcement of Implementation of Policy of Multiculturalism within Bilingual Framework* im kanadischen Unterhaus, das einerseits auf der Feststellung der Bilingualität, andererseits auf der Anerkennung der gleichberechtigten multikulturellen Wurzeln des Landes basierte. In der Praxis bedeutete dies zunächst, dass den vielen ethnischen Gruppen in Kanada formal das Recht zugestanden wurde, ihre Kultur und Ethnizität zu bewahren, und der Bundesstaat sie dabei umfassend finanziell unterstützte. Englisch und Französisch blieben weiterhin die einzigen offiziellen Amtssprachen Kanadas, doch sollte von nun an Sprachenvielfalt gefördert und, wo möglich, auch in der Öffentlichkeit bedient werden. Heute wirbt die *Toronto Transit Commission*, die örtliche Verkehrsgesellschaft, damit, Kunden in über 100 Sprachen bedienen zu können (was wohl tatsächlich stimmt, glaubt man den informellen Testberichten), und zahlreiche *New Canadians* sprechen jenseits von Englisch und Französisch weiterhin ihre Muttersprache(n).

Multikulturalismus in Kanada ist nicht zuletzt Sprach- und Bildungspolitik. Als wir mit unseren Kindern im schulpflichtigen Alter zuletzt nach Kanada kamen und die Sorge mit uns trugen, dass sie aufgrund der Sprachdefizite in ihren Klassen zurückfallen würden, forderten uns die Lehrer auf, privat weiterhin ausschließlich deutsch mit den Kindern zu reden, damit sie ihre Muttersprache nicht verlören. Die Vermittlung der englischen (respektive der französischen) Sprache hingegen wird als vorrangige Aufgabe der staatlichen Institutionen angesehen. »He'll be just fine by Christmas«, sagte die Lehrerin unseres Sohnes im August, und in der Tat hatte er bis dahin, gefördert durch enorm aufwendigen integrativen Einzelunterricht, den Rückstand weitgehend aufgeholt. Als zweiter Aspekt kommt bei der kanadischen Politik des Multikulturalismus hinzu, dass sie kulturelle Vielfalt in einer Gesellschaft nicht nur beschreibt und als bunte Folklore feiert, sondern sie als gesellschaftliche Stärke begreift und zu bewahren sucht. *Diversity is our strength*, so lautet das Motto von Toronto, das von den Vereinten Nationen als »multikulturellste Stadt der Welt« ausgezeichnet wurde. Gemeint ist damit, dass die Vielfalt kultureller und sozialer Ausdrucksformen letztlich der gesamten Gesellschaft zugutekommt, weil sie neben dem ökonomischen Ertrag die Existenz paralleler Identitäten als Möglichkeit zulässt und somit zum gesellschaftlichen Zusammenhalt beiträgt.

Seit 1982 ist der Multikulturalismus in der *Charter of Rights and Freedoms*, dem kanadischen Grundrechtekatalog, verankert. Wenige Jahre später verabschiedete die konservative Regierung unter Brian Mulroney den *Canadian Multiculturalism Act*, der die unter Trudeau entwickelten Prinzipien präzisierte und noch um weitere, vor allem soziale, Minderheitenrechte erweiterte. Nach anfänglichem Widerstand vor allem von Konservativen ist der Multikulturalismus mittlerweile nicht nur fester Bestandteil der kanadischen Politik, sondern wird auch von einer überwältigenden Mehrheit der Bevölkerung als positiv bewertet. Jüngste Umfragen belegen einen Zustimmungsgrad zur Politik des Multikulturalismus von etwa 80 Prozent, selbst in Quebec, der noch am ehesten ethnozentristisch orientierten Provinz Kanadas, liegen die zustimmenden Umfragewerte nur unwesentlich niedriger.

Es ist sehr zu begrüßen, wenn sich in Deutschland in den letzten Jahren ein politischer Tourismus ausgebildet hat, um vom kanadischen Einwanderungsmodell zu lernen. Allerdings sollten die deutschen Besucher sich bewusstmachen, dass in Kanada Einwanderungspolitik und Multikulturalismus nur schwer voneinander zu trennen sind. Umgekehrt sollten sich naive Befürworter eines beliebigen »Multikulti« auch keinen Illusionen hingeben, denn das kanadische Modell funktioniert auch deshalb so gut, weil am Anfang ein klares Bekenntnis zur Integration in das soziale und kulturelle Gefüge der neuen Heimat steht. Wenn man es überspitzt formulieren möchte, dann wirkt der Multikulturalismus kanadischer Spielart ohne Zwang zur kulturellen Assimilation als eine enorm effektive Integrationsmaschine.

Multikulturalismus als Prinzip der Politik

Im Epizentrum des Multikulturalismus – Kensington Market: eine Begehung

Zwischen Little Italy und Chinatown in Toronto liegt eine kleine *neighbourhood*, die nur aus wenigen Straßenzügen besteht, jedoch als eines der berühmtesten Stadtviertel Kanadas gelten kann. Denn Kensington Market mag zwar in seiner Vielfalt ein für kanadische Großstädte typisches Stadtviertel sein, doch ist es noch ein wenig durchmischter, noch ein wenig bunter, und vor allem hat es sich trotz seiner Popularität als Attraktion für Stadtbewohner wie Touristen einen eigensinnigen, ja anarchischen Charme bewahrt. Hier sind die unterschiedlichen Schichten der generationentiefen Einwanderung noch sichtbar und lebendig gelagert, existieren das Vergangene, Gegenwärtige und Zukünftige gleichberechtigt nebeneinander. Kensington Market mutet wie ein Basar an, zumal am *Pedestrian Sunday*, wenn die aufgrund der urbanen Dichte ohnehin nur kaum befahrenen Straßen des Viertels in der Autofahrerstadt Toronto komplett für Kraftfahrzeuge gesperrt werden. Die Bewohner (zur Hälfte etwa aus Asien stammend) wie die Geschäftstreibenden (aus der ganzen Welt stammend) des Viertels erzählen Geschichten vom Ankommen, vom Sichneuerfinden und vom Bleiben, ohne die kulturellen Wurzeln abschlagen zu müssen. Sie bezeugen auch einen wesentlichen Faktor erfolgreichen Ankommens: die Solidarität unter den Einwanderern wie der Einwanderer gegenüber den Zurückgebliebenen.

Um 1900 herum verließen die zu Vermögen gekommenen englischen Bewohner das Viertel, dem sie seinen Namen verliehen hatten, und es rückten vor allem jüdische Immigranten aus Mittel- und Osteuropa nach. In den 1920er Jahren entstand so der *Jewish Market*, etwa 80 Prozent der in Toronto lebenden Juden hatten sich hier niedergelassen, wovon heute noch zwei (von einstmals 30!) Synagogen und einige verblichene hebräische Hausinschriften zeugen. Nach dem Zweiten Weltkrieg ließen sich hier zunächst Italiener und vor allem politische Flüchtlinge etwa aus Ungarn und Portugal nieder – die zahlreichen Griechen auf der Flucht vor Armut und Militärregierung hingegen siedelten in einer eigenen *neighbourhood*, der größten *Greektown* in Nordamerika an. Sie alle brachten in der Tradition des Jewish Market europäisches Denken und europäische Güter nach Toronto und organisierten sich, weil weitgehend mittellos und ohne besondere staatliche Unterstützung, untereinander. So *trendy* Kensington Market heute auch sein mag, es war jahrzehntelang und ist teilweise noch heute von verarmten Neuankömmlingen und Unterschichten geprägt. Hinzu kamen Studenten, Künstler und Lebenskünstler: *Beatniks, Hippies,* später *Punks.*

Als Eigentümer eines stadtbekannten, weil unkonventionellen Kleidungsgeschäfts ist Tom Mihalik eine Kultfigur in Toronto. Sein Vater hatte Ungarn nach dem gescheiterten Aufstand 1954 verlassen, die Familie kam erst 14 Jahre später nach. Unter seinen Kunden finden sich die reichsten Torontonians, aber auch Habenichtse, denn das Einzigartige an *Tom's Place* ist, dass es keine Preisschilder gibt und prinzipiell jeder Preis nach ganz unterschiedlichen Kriterien verhandelbar ist. Nach Tom ist es seine eigene Jugenderfahrung als hilfloser Neuankömmling in einer fremden Welt – immer falsch gekleidet, die Sprache nur unzulänglich beherrschend oder auch die kanadische Alltagsmoral missverstehend – die ihm gegenüber gegenwärtigen Einwanderern Verpflichtung ist. Sicherlich versteht er es, sich zu vermarkten, und doch zählt der erfolgreiche Geschäftsmann zu den großzügigen Mäzenen der Stadt. Ob ein *Jewish Community Centre* oder ein mit aus der Karibik und Pakistan stammenden Spielern besetztes Jugend-Cricket-Team, Tom unterstützt Immigrantengruppen ungeachtet ihrer Herkunft oder religiösen Ausrichtung. Eine andere Art »zurückzugeben« verfolgt Dr. Ronald Nazon, Leiter der Kinderzahnarztklinik *United Smiles of Kensington*, dessen Vorfahren aus Haiti stammten. Jährlich fliegt er einmal mit einer mobilen Zahnarztstation und einem kleinen Team nach Haiti, um dort unentgeltlich Hunderte von Patienten zu behandeln, zuletzt unmittelbar vor und kurze Zeit nach dem schweren Erdbeben von 2009.

Die Liste der kleinen und großen Hilfsleistungen unter
wanderern für die Einwanderer, aber auch für die Z
bliebenen könnte beliebig verlängert werden. Verewi
diese besondere Solidarität unter den Einwanderern
terschiedlicher Herkunft in der Ende der 1970er Jahre ausge-
strahlten Fernsehserie *King of Kensington* mit dem Schauspie-
ler Al Waxman, dem die Bewohner des Viertels im örtlichen
Park ein Denkmal gesetzt haben – größter Spender war Tom
Mihalik, *The Other King of Kensington*, wie ihn eine Zeitung
genannt hat.

Unmittelbar neben *Tom's Place* verkauft eine portugiesische
Bäckerei Backspezialitäten aus der Heimat, doch aus zunächst
unerfindlichen Gründen auch sonst eher schwierig aufzutrei-
bende Laugenbrötchen und Linzer Torte. Spektakulär unortho-
dox neben den vielen *fusion cuisines* in den Restaurants der
Stadt ist das kleine, um die Ecke gelegene Lokal »Hungary
Thai«, das aus einer binationalen ehelichen Verbindung entstand und tatsächlich das Fernliegende nebeneinander anbietet:
Gulasch und Pad Thai, für die Liebhaber beider Küchen auch
als *Hungarian Thai Combo*. Die Stadt ist übersät mit zum Teil
aufregendem *ethnic food* aus allen erdenklichen Ecken dieser
Welt, doch nirgendwo ist der kulinarische Multikulturalismus
so eng verbunden mit seinen bescheidenen und erdnahen sozialen Ursprüngen. Beide Beispiele zeigen die ungeheure Experi-
mentierfreude mit dem Fremden und die Lust, das bislang
Unbekannte aufzusaugen und in die eigene kulinarische und
sonstige Welt aufzunehmen.

Seit den 1970er Jahren erweiterte sich das europäische Flair
durch die Ankunft neuer Immigranten aus Asien, aus der Karibik und vor allem aus Lateinamerika. Werbeschilder am Eingang der Straße verweisen auf den *mercado*, auffallend sind die
zahlreichen und vor allem bunten lateinamerikanischen Ge-
schäfte, so dass eine Zeitung sich bereits fragte, ob hier der
neue *Barrio Latino* am Entstehen sei. Noch ist es nicht so weit,
noch zieht man heute an einer Kette von Läden vorbei, in denen
nahezu sämtliche Weltregionen und Geschäftskonzepte vertreten sind und friedlich koexistieren. Koreanische Obst- und Ge-
müsehändler, rumpelige Trödelgeschäfte, dazwischen ein chile-
nischer Gewürzstand, ein *independent bookstore*, jede Menge

aribischer oder chinesischer Läden für den echten oder eingebildeten täglichen Bedarf und immer wieder unscheinbare, preisgünstige Ethno-Restaurants. Entstanden ist ein kleiner, farbenfroher Kosmos, in dem die Ansichten, die Geräusche und die Gerüche der Welt in verdichteter Form aufzuspüren sind. Hinzu kommen Esoteriker, Trotzkisten, Rastafari und *street people*, die hier täglich aufs Neue ein Publikum zu finden hoffen, und selbst die vor drei Generationen ausgezogene Kiever Gemeinde ist in ihre angestammte Synagoge zurückgekehrt.

Kensington Market hat immer auch Schriftsteller, Künstler und Stadtforscher angezogen. In *Emerald City*, einer Sammlung von literarischen Stadtspaziergängen, beschreibt der Architekturkritiker John Bentley Mays die Improvisationskunst und die Vorherrschaft des Unvorhersehbaren im Viertel. Margaret Atwood betont in *The Robber Bride* (»Die Räuberbraut«, 1993) das Wechselspiel von Erinnern und Vergessen: »Es ist beruhigend unter Fremden zu sein, die keine Anstrengungen, keine Erklärungen, keine Rückversicherungen von ihr erwarten. Sie mag das Gemisch auf der Straße hier, die gemischten Hautfarben. Chinatown hat weitgehend übernommen, doch sind hier noch immer einige jüdische *delicatessen* und, weiter oben zur Seite, die portugiesischen und karibischen Läden von *Kensington Market*. Rom im zweiten Jahrhundert, Konstantinopel im zehnten, Wien im neunzehnten. Knotenpunkte. Die aus anderen Ländern sehen so aus, als geben sie sich große Mühe etwas zu vergessen, die von hier, als geben sie sich große Mühe zu erinnern. Vielleicht ist es aber auch umgekehrt.«

Auch der Staat hat mittlerweile anerkannt, dass *The Market* etwas ganz Besonderes, vielleicht sogar Einmaliges ist und die Gegend als *national historic site* klassifiziert. Doch Kensington Market hat auch Glück gehabt. Das Viertel blieb von den Bulldozern verschont, obwohl es als Ghetto verschrien war, und die Immobilienscouts, immer auf der Suche nach profitablen Schnäppchen, haben sich andere Viertel ausgesucht. Doch auch hier ist keine Insel der Seligen, die Vorboten der »Viertelaufwertung« sind bereits sichtbar: die einziehende *creative class* – mit Richard Florida lebt der Guru der Kulturökonomie in Toronto –, die damit verbundene »Normalisierung« der Haus- und Grundstückspreise, die (zum Teil allerdings gescheiterte) Ansiedlung von Geschäftsketten oder die touristische Vermarktung des Ortes. In die für Toronto typischen *back alleys* oder *laneways*, enge Park- und Spielstraßen, die entlang der Rückseiten der Häuserreihen verlaufen, werden mittlerweile (zum Teil architektonisch sogar interessante) Design-Häuser gequetscht, die preislich den Rahmen der Gegend sprengen. Gleichwohl sind die Diversität, die Solidarität und der Eigensinn der Bevölkerung vorerst geblieben, bildet Kensington Market noch immer einen ersten Anlaufpunkt für zahlreiche Einwanderer und beherbergt die Gegend noch mehrheitlich jene Menschen, die ökonomisch nicht auf der Sonnenseite des Lebens stehen, gleichwohl hier eine menschenfreundliche Heimstatt gefunden haben. Wenn auch in indirekter Form, so hat die Politik des Multikulturalismus ihren Beitrag dazu geleistet, dass diese Welt im Kleinen bis heute bewahrt werden konnte und die Bewohner von Kensington Market noch immer sagen können: *A pretty good place to live, eh!*

Vielfalt als Stärke – Multikulturalismus und nationale Identität

Als 2009 der Multikulturalismus in Europa zunehmend in die Defensive geriet, ätzte Haroon Siddiqui, Star-Kolumnist des *Toronto Star:* »Die Europäer schaffen ab, was sie nie besessen haben; den Multikulturalismus, wenn wir unter ihm die staatliche Anerkennung und Förderung von Gleichheit und Würde aller Gruppen und Kulturen verstehen und nicht eine Wohlfühl-Politik, welche die Exotik des städtischen Kosmopolitanismus feiert, aber die politische, wirtschaftliche, soziale und kulturelle Dominanz der Mehrheit über die Minderheiten verschleiert.« Angela Merkels Bemerkung von 2010, dass »Multikulti absolut gescheitert« sei, sorgte auch in der kanadischen medialen Öffentlichkeit für Aufmerksamkeit und wurde – je nach politischem Standpunkt – mal mehr, mal weniger verständnisvoll kommentiert. In einem waren sich die Kommentatoren jedoch einig: dass der deutsche Fall bzw. die europäischen Fälle mit kanadischen Zuständen nicht zu vergleichen seien.

Kanada ist das einzige Land weltweit, in dem der Multikulturalismus Verfassungsrang besitzt und zu einer Art Staatsdoktrin erhoben wurde. Nach allem, was absehbar ist, sind diese Entwicklungen vorerst irreversibel, zu groß ist die allgemeine Zustimmung, zu deutlich sind die mit dem Multikulturalismus *à la canadien* verbundenen gesellschaftlichen Vorteile und zu sehr ist das multikulturelle Miteinander in den Alltag eingebunden. Multikulturalismus in Kanada ist eben nicht nur kulturelle Folklore, sondern in erster Linie Politik. Diese beginnt bei der Integration von Einwanderern, denen zwar staatsbürgerliche Treue, nicht aber die Leugnung ihrer Herkunft abverlangt wird. Solange kulturelle Bräuche nicht in Konflikt mit kanadischem Recht geraten, sind sie willkommen und potentiell förderungswürdig. Im kanadischen Selbstbild hat sich die Metapher vom ethnisch-kulturellen Mosaik seit den 1970er Jahren fest etabliert, das sich gleichermaßen von ethnozentristischen Leitkulturvorstellungen wie vom *melting pot* unterscheidet.

Aufgrund der langen Erfahrung mit Einwanderung gehen die Kanadier auch gelassener mit Phänomenen um, die in Europa die Alarmglocken läuten lassen. Ethnische Enklaven und die Ausbildung von sogenannten »Parallelgesellschaften« – ein Begriff, den man in Kanada ebenso wenig kennt wie »Leitkultur« – werden als etwas Selbstverständliches im Prozess des Ankommens von *New Canadians* – dem kanadischen Äquivalent zum unbeholfenen und mitunter diskriminierenden »Deutschen mit Migrationshintergrund« – angesehen. Und warum sollten sich muslimische Einwanderer aus Pakistan im 21. Jahrhundert in ihren räumlichen Siedlungsmustern und kulturellen Äußerungsformen auch anders verhalten als deutsche Einwanderer im 19. und 20. Jahrhundert? Die oft gestellte Frage nach der nationalen Identität Kanadas ist keine, die auf dem Rücken von Einwanderern oder ethnischen Minderheiten ausgetragen wird. Vielmehr wird nationale Identität mehrheitlich als etwas Individuelles und Fließendes verstanden, das nicht von oben herab, auch nicht von der Mehrheit zu verordnen ist. Schließlich hat Kanada weitreichende Antidiskriminierungsgesetze erlassen, die einerseits ethnische und kulturelle Minderheiten vor Diffamierung schützen, andererseits ihre Anerkennung im staatlichen wie im privaten Bereich absichern.

Seitdem der Multikulturalismus 1971 in die kanadische Politik eingeführt und 1988 im *Canadian Multiculturalism Act* präzisiert und erweitert wurde, haben sich die Förder- und Schutzmechanismen auf Ebene des Bundesstaates wie der Provinzen eingespielt. Es bleiben soziale Ungleichheiten, und natürlich kennt auch Kanada Formen der Diskriminierung oder, seit dem 11. September 2001, der Islamophobie, doch bestätigen alle Umfragen und Statistiken eine sehr viel größere soziale Mobilität der Einwanderer in der zweiten Generation und einen höheren Identifikationsgrad der Einwanderer mit ihrer neuen Heimat. Während einerseits der *Ph. D. Cab Driver* sich zum stehenden Begriff für die Mängel der ökonomischen Integration beruflich qualifizierter Einwanderer ausgebildet hat und andererseits die Zahl der funktionalen Analphabeten unter den Neuankömmlingen erschreckend hoch ist, verweisen die Statistiken auf geradezu unheimliche Erfolge im Bestreben nach Schaffung von Chancengleichheit für die Folgegeneration im Bildungsbereich. Dieser ist nämlich sehr viel stärker als anderswo auf die Herstellung von Bildungsgerechtigkeit hin ausgerichtet. Die Möglichkeit des raschen Aufstiegs von Einwanderern in die Eliten der Gesellschaft und deren soziale Akzeptanz lässt sich an vielen Einzelbeispielen demonstrieren. Die Journalistin und ehemalige Generalgouverneurin Michaëlle Jean kam als Flüchtlingskind aus Haiti nach Kanada, die Familie ihrer Vorgängerin im Amt Adrienne Clarkson kam während des Zweiten Weltkrieges aus Hongkong, und die ehemalige Richterin am höchsten Gericht Kanadas Rosalie Abella wurde als Kind jüdischer Eltern unmittelbar nach dem Zweiten Weltkrieg in einem Lager für *Displaced Persons* in Stuttgart geboren. Naheed Nenshi aus Calgary ist der erste muslimische Bürgermeister einer kanadischen Großstadt, und auch in den kanadischen Parlamenten sitzen Dutzende *New Canadians* der ersten und zweiten Generation.

Hinzu kommt eine Akzeptanz, ja auch Förderung andersartiger kultureller Ausdrucksformen, die über die Idee der Toleranz noch hinausgeht. In mehreren Fällen haben kanadische Gerichte entschieden, dass ein Verbot des Dastar im öffentlichen Dienst für kanadische Sikhs religiöser Diskriminierung gleichkäme, so dass beispielsweise die traditionsreiche *Royal Cana-*

dian Mounted Police mittlerweile das Tragen des Dastar in Uniform zulässt. Eine aus Europa importierte »Kopftuchdebatte« hat es kurzzeitig auch in Kanada gegeben und in Quebec sogar einige Verbote auf lokaler Ebene. Doch stellt die kanadische Rechtsprechung nur die Bedingung, dass auf das Tragen des *Niqab* bei der Vereidigung zur Staatsbürgerin verzichtet wird. Ähnlich wie in den USA genießen religiöse Ausdrucksformen besonderen Rechtsschutz und werden als unveräußerlicher Teil von Identität verstanden. Mittels gezielter Steuerung und informeller Quotenregelungen gelingt es auch, die *visible minorities* in der Gesellschaft sichtbar zu machen. Insbesondere Nachrichten- und Informationssendungen im Fernsehen sind mit Gesichtern bestückt, die auf Herkünfte aus aller Welt verweisen und zum einen als *role models* für gerade angekommene Einwanderer dienen, zum anderen der weißen Mehrheitsgesellschaft signalisieren, dass sie schon lange nicht mehr unter sich ist und bald schon nicht mehr die absolute Mehrheit bilden wird.

Integration wird nicht als Einbahnstraße verstanden, sondern als wechselseitige Befruchtung, von der beide Seiten profitieren. Das beste Beispiel hierfür sind wiederum die »ethnischen Enklaven«, von Chinatowns über Little Italies und Greektowns bis zu Little Indias, die nicht mehr als Zeichen ethnischer Segregation, sondern von kultureller Vitalität und städtischer Zugehörigkeit gedeutet werden. Insbesondere in Toronto hat sich das Verhältnis von »Mehrheit« zu »Minderheit« geradezu umgekehrt, ist doch die Hälfte der Bevölkerung außerhalb Kanadas geboren, und nahezu die Hälfte der Einwohner bezeichnet sich selbst als *visible minority*.

In einem Seminar über Multikulturalismus, das ich Anfang 1991 an einer kanadischen Universität besuchte, schilderten die Teilnehmer ihre bunt gemischten Ahnenreihen. Als ich an der Reihe war und etwas kleinlaut auf meinen lupenreinen deutschen Hintergrund verwies, reagierte der Dozent: »*At least you have an identity!*« War die Suche nach *Canadianness*, nach einer spezifisch kanadischen Identität, schon im Rahmen der Binationalität eine schwierige Angelegenheit, so ist sie in der multikulturellen Gesellschaft ein geradezu unmögliches Unterfangen und doch so etwas wie ein nationaler Sport. Zahllose

Intellektuelle, Künstler, Politiker, Sozial- und Kulturwissen-schaftler haben kanadische Identität zu definieren versucht. Der bekannte Journalist Andrew Cohen sprach vom *unfinished Canadian*, dessen Identität sich schlichtweg jedem einfachen Erklärungsmodell entzieht und auch in Zukunft die professio-nellen Deuter gleichermaßen anregen wie verzweifeln lassen wird. Einen ebenso pragmatischen wie amüsanten Zugang zu *Canadianness* wählte Douglas Coupland in seinem zweibändi-gen *Souvenir of Canada*, indem er kanadische Identität aus ge-meinsamen Erfahrungen wie aus allgemein bekannten (und in einem spezifischen Sinne als kanadisch verstandenen) Objekten herleitet. Konservative Kritiker des Multikulturalismus, die das nationale Erbe und eine eindimensionale Identität beschwören, gibt es kaum noch. Interessanterweise kommen einzelne kriti-sche Stimmen aus den Reihen der *New Canadians* selbst. Der in Trinidad und Tobago geborene und in Quebec lebende Schrift-steller Neil Bissoondath argumentierte in seinem Buch *Selling Illusions. The Cult of Multiculturalism in Canada*, dass die multikulturelle Option tendenziell nur einen weiteren Graben entlang ethnischer Linien durch die kanadische Gesellschaft ziehen würde, der in Krisenzeiten tatsächliche Bedeutung er-halten könnte. Mehr noch, relativierte er die positiven Effekte des Multikulturalismus, sei Integration doch stets eine indivi-duelle Angelegenheit und nicht durch Gesetze steuerbar. Zwar ist Bissoondaths komplexe Argumentation weitgehend zurück-gewiesen worden, doch bleibt die Frage nach dem Wert der multikulturellen Politik in einer Gesellschaft, deren Markenzei-chen ohnehin die hybriden Kulturen ihrer Mitglieder sind, wei-terhin relevant.

Die Politik des Multikulturalismus ist eine kanadische Er-folgsgeschichte. Bei allen Mängeln und Problemen im Einzel-nen hat sie in einem Zeitraum von vier Jahrzehnten die Integra-tion von *New Canadians* gefördert, ohne diesen ihre kulturellen Wurzeln abzuschneiden. Diese Politik in Kombination mit ei-nem liberalen Staatsbürgerschaftsrecht hat die Zustimmungs-raten und Loyalitäten der Einwanderer zu ihrer neuen Heimat auf ein in Europa kaum vorstellbares Niveau gebracht. Oder, wie der bereits oben zitierte Haroon Siddiqui eine Umfrage kommentiert, nach der muslimische Einwanderer am meisten das Wetter in Kanada störe: »Wenn *New Canadians* in erster Linie das Wetter beklagen, dann muss es ihnen und der Nation einfach nur gut gehen. Danke sehr. *Vive le Canada.*«

Man sollte sich allerdings keinen naiven Multikulti-Illusionen hingeben. Gelebter Multikulturalismus ist anstrengend, zuweilen auch eine alltägliche Zumutung. In meinem von polnischen Einwanderern geprägten Wohnviertel in Toronto kam der Einkauf in den kleinen Spezialitätengeschäften gelegentlich einem Kampf gleich – gegen sich rücksichtslos vordrängelnde und auf Polnisch fluchende Großmütterchen. Auch war das Verkaufspersonal nicht immer bereit oder in der Lage, in den offiziellen Amtssprachen Kanadas Konversation zu halten, und tendierte dazu, den englischsprachigen Kunden einfach warten zu lassen. Die Sprachenvielfalt einerseits, die Sprachdefizite andererseits strengen an und fordern einem beispielsweise im Taxi mehr Geduld und Sprachphantasie ab als man gelegentlich hat. Auch birgt die zumindest theoretisch gleichberechtigte Behandlung kultureller Ausdrucksformen gleichermaßen faszinierende Facetten wie das Potential für Verunsicherungen und Konflikte. Im Kindergarten meiner Tochter wurden in der *winter season* nicht nur *Christmas*, sondern auch *Winter Solstice*, *Hanukkah* und *Kwanza* als Schaufenster zum kulturellen Mosaik als gleichberechtigt zelebriert. Für Furor sorgte jedoch vor einigen Jahren eine Diskussion im Stadtrat von Toronto, auf das traditionelle Erleuchten eines Weihnachtsbaumes zu verzichten, um andere Religionen nicht zu verletzen. Letztlich war der Stadtrat weise genug, den Vorschlag nicht umzusetzen, doch in anderen Dimensionen des Alltags haben sich solche Relativierungen zur Unzufriedenheit aller durchsetzen können.

Die Politik des Multikulturalismus hat zur Folge, dass man sich damit »die Welt« ins Land holt, was auch unerwünschte Auswirkungen haben kann. Globale Ausnahmezustände lassen sich so leichter ins Land übertragen. Als 2002 in Hongkong das SARS-Virus ausbrach und sich rasch in Südostasien ausbreitete, wurde es vermutlich durch Reisende nach Kanada auch dort verbreitet. Im Frühjahr 2003 unterlag das öffentliche Leben in Toronto strengen Auflagen, die Weltgesundheitsorganisation hatte eine Reisewarnung nach Toronto ausgegeben, und zahlreiche Konferenzen und Meetings mussten abgesagt werden. Insgesamt 44 Menschen starben allein in Toronto, die höchste Opferzahl außerhalb Asiens. Hinzu kommen vereinzelt auch Spannungen zwischen ethnischen Gruppen, wenngleich diese zumeist durch unkluge städtische Wohnungspolitik verursacht werden. Als Kanada vor einigen Jahren beispielsweise Hunderte von Roma aus Europa als politische Flüchtlinge aufnahm, quartierte die Stadt diese in ein von tibetanischen Flüchtlingen bewohntes Wohnsilo ein. Der kulturelle Graben zwischen den beiden Gruppen, verbunden mit der extrem schwierigen sozialen Lage, verursachte Bandenkämpfe, ja sogar Straßenschlachten, so dass die Wohnhäuser geräumt und die Bewohner auf andere Orte verteilt werden mussten. Straßenschlachten erlebten kanadische Städte, allen voran Toronto, auch, als 2009 Tausende von Tamilen die städtischen Autobahnen besetzten, um gegen den Bürgerkrieg in Sri Lanka und die kanadische Inaktivität in dieser Frage zu demonstrieren. Aufgrund der doppelten nationalen Bindungen vieler Kanadier können sich internationale Krisen verstärkt auf die kanadische Gesellschaft und Politik auswirken.

Auch die großzügige Flüchtlingspolitik und das den *New Canadians* sehr entgegenkommende Staatsbürgerschaftsrecht können problematische Folgen haben. Kanada hat in einer ganzen Reihe von internationalen Krisen spezielle Aufnahmeprogramme für Flüchtlinge entwickelt, so 1954 für Ungarn, 1968 für die Tschechoslowakei, 1972 für Uganda, 1973 für Chile usw., und wurde vom UN-Hochkommissariat für Flüchtlinge dafür auch ausgezeichnet. Während des Libanesischen Bürgerkrieges nahm Kanada eine große Zahl an Flüchtlingen auf, die rasch auch die kanadische Staatsbürgerschaft erhielten. Als 2006 erneut ein militärischer Konflikt zwischen der paramilitärischen Hisbollah und der israelischen Armee ausbrach, hielten sich etwa 50 000 *Lebanese-Canadians* im Libanon auf, von denen ca. 15 000 nach Kanada evakuiert wurden. Konservative Kritiker mobilisierten die Öffentlichkeit gegen die *Canadians of convenience*, jene Kanadier, die ihre Staatsbürgerschaft als Sicherheitsnetz zu missbrauchen schienen, ohne jemals im Land zu leben. In der Folge wurde das Staatsbürgerschaftsrecht leicht verschärft, wobei es prinzipiell immer noch möglich ist, multiple Staatsbürgerschaften aufrechtzuerhalten. So sind mir einige

Kanadier begegnet, die aufgrund ihrer verworrenen Familiengeschichten bis zu vier Staatsbürgerschaften gleichzeitig hielten, wenngleich die meisten von ihnen keinen Zweifel an ihrer Loyalität zu Kanada aufkommen ließen.

Der durch den Multikulturalismus geförderte Status einer wahrhaftig global orientierten Gesellschaft kann aber auch zusätzliche positive Seiten haben. So machte ich Bekanntschaft mit einigen Kanadiern ukrainischer Abstammung, die bei der »Orangenen Revolution« die demokratischen Kräfte aktiv unterstützten und später als Wahlbeobachter in die Heimat ihrer Eltern oder Großeltern zurückkehrten. Auch hat Kanada in Fragen der humanitären Hilfe – beispielsweise nach dem Erdbeben in Haiti 2009, nicht zuletzt aufgrund des Engagements der aus Haiti stammenden ehemaligen Generalgouverneurin Michaëlle Jean – immer wieder Außerordentliches geleistet. Und nicht zuletzt gibt es den Ausnahmezustand der Freude. Als ich im Sommer 2006 wieder nach Toronto kam, es war die Zeit der Fußballweltmeisterschaft in Deutschland, sah man ein buntes Fahnenmeer an den Autos, auf den Straßen, in den Cafés, das alle in Toronto lebenden Nationalitäten umfasste. Die friedliche Begeisterung der Italiener und Griechen, der Portugiesen und Brasilianer, die sich Little Portugal als ethnische *neighbourhood* teilen, und verschiedener afrikanischer Nationen war eine gemeinsame, die sich rasch auch auf die englisch-kanadische Bevölkerung ausweitete. So erlebte ich statt der nationalen Monotonie in Schwarz-Rot-Gold eine Fußballweltmeisterschaft fernab des eigentlichen Geschehens, bei der die Fans in erster Linie sich selbst und die Vielfalt der Stadt feierten.

Verlierer des Multikulturalismus? First Nations, Inuit und Métis im modernen Kanada

Die nationalen europäischen Minderheiten in Kanada, die sich in den späten 1960er Jahren als »dritte Kraft« in die Verhandlungen über die gesetzliche Verankerung des Bilingualismus einschalteten und erfolgreich eine Berücksichtigung ihrer Belange einforderten, hatten in erster Linie eigene Interessen im

Sinn. Die in den mittlerweile staatlich anerkannten 615 Stämmen organisierten 700 000 Indianer, die ca. 60 000 in Kanada lebenden Inuit und die 400 000 Métis spielten in den Forderungen nach kultureller Gleichberechtigung keine Rolle. Die Lage der Ureinwohner war von Provinz zu Provinz und je nach Status unterschiedlich. Beispielsweise wurden Landstreitigkeiten in Einzelverträgen mit den jeweils betroffenen Stämmen geregelt, erhielten First Nations und Inuit erst 1956 die volle Staatsbürgerschaft und durften die Mitglieder der First Nations erst ab 1960 an den Bundeswahlen teilnehmen, ohne ihren Status als Indianer aufgeben zu müssen.

Grundlage der Politik gegenüber den First Nations war bis 1985 der immer wieder modifizierte *Indian Act* von 1876, der zunächst einmal klärte, wer als *status Indian* galt und an diesen Status bestimmte Rechte und Pflichten knüpfte. Auf der Grundlage des *Indian Act* wurden zahlreiche Einschränkungen und Verbote erlassen, welche unmittelbar Lebensführung und kulturelle Ausdrucksformen der First Nations betrafen und ihnen ein Leben mit ihren Traditionen nahezu unmöglich machten. Zusätzlich wurden insgesamt 80 000 Kinder der indigenen Völker unter menschenunwürdigen Bedingungen in sogenannten *residential schools*, die mehrheitlich in der Hand der Kirchen waren, zwangsassimiliert und ihren Familien und Traditionen entfremdet. Die Anwendung physischer und psychischer Gewalt bis hin zu sexuellen Übergriffen und medizinischen Versuchen waren an der Tagesordnung. Erst in den 1990er Jahren wurde das Ausmaß der Unterdrückung der kanadischen Öffentlichkeit bekannt. Seitdem bemühen sich die Regierungen um eine Aussöhnung mit den Opfern, was einerseits zur Einrichtung einer Wahrheitskommission, der *Indian Residential Schools Truth and Reconciliation Commission* im Jahr 2008, zum anderen zu umfangreichen Entschädigungszahlungen geführt hat.

Es war der damalige Minister for Indian Affairs, der spätere Premierminister Jean Chrètien, der in einem *White Paper* von 1969 zwar den diskriminierenden *Indian Act* zu ersetzen vorschlug, stattdessen aber die vollständige Assimilation der First Nations und ihre Behandlung als eine unter den vielen Volksgruppen in Kanada forderte. Dass eine solches Vorgehen mit der Idee der *Just Society* nur schwer in Einklang zu bringen war, erkannten die Ureinwohner und Bürgerrechtler, die gegen die Pläne Sturm liefen und die Regierung in neue Verhandlungen zwangen. Im Multikulturalismus-Projekt unter Trudeau waren die indigenen Völker nicht vorgesehen, und umgekehrt waren diese auch nicht bereit, sich in den multikulturellen und bilingualen Rahmen zwängen zu lassen, sahen sie darin doch zu Recht eine erzwungene Aufgabe ihres Sonderstatus in der Kanadischen Föderation. Erst im *Constitution Act* von 1982 und wenige Jahre später im *Canadian Multiculturalism Act* wurden den Ureinwohnern weitreichende Minderheitenrechte und vor allem Vertragssicherheit gewährt. Die rechtliche Situation der indigenen Bevölkerung hat sich seitdem erheblich verbessert, wenngleich es insbesondere in den Provinzen noch scharfe Auseinandersetzungen über Landbesitzrechte gibt. In British Columbia vor allem ist es noch nicht gelungen, einen Ausgleich zwischen den ökonomischen Interessen der Holzwirtschaft und den überlieferten vertraglichen Rechten der First Nations herzustellen.

Die große Aufgabe wird jedoch darin bestehen, die enormen sozialen Ungleichheiten und daraus folgenden Verwerfungen zu mildern, langfristig vielleicht sogar aufzuheben. Eine dienstliche Reise nach British Columbia führte mich auch in die Coast Mountains, wo die Squamish First Nation, einer von über 200 in British Columbia anerkannten Indianerstämme, sein Siedlungsgebiet hat. Die Fahrt durch die Ortschaft ist gespenstisch; überall türmen sich wilde Müllberge, vor jedem zweiten der heruntergekommenen Häuser hat sich ein kleiner Autofriedhof oder ein *scrap yard* gebildet, und auf den Straßen sieht man kaum einen Menschen, geschweige denn so etwas wie ein öffentliches Leben. Dabei gelten die Squamish aufgrund der Nähe zu Vancouver und der pragmatischen Einstellung ihrer Führer als vergleichsweise erfolgreiche First Nation. In allen Sozial- und Kriminalitätsstatistiken tauchen die Ureinwohner jedoch am unteren Ende auf: Geringere Lebenserwartung, niedrigeres Bildungsniveau, hohe Arbeitslosigkeit, blanke Armut, Krankheiten, schwere Kriminalität bis hin zum Mord, häusliche und sexuelle Gewalt, Kindesmisshandlung und nicht zuletzt verstärkter Alkohol- und Drogenmissbrauch lasten auf den meisten der Stämme.

Diesem Teufelskreis aus Armut, Gewalt und Depression versuchen die Stämme durch Reaktivierung ihrer Kulturtraditionen, die Provinz- und Bundesregierung durch Transferzahlungen zu entgehen. Letztere helfen tatsächlich die größte Not zu lindern, doch ernten sie auch Kritik aus den Reihen der First Nations wie von prinzipiellen Gegnern umfassender staatlicher Subventionen, weil diese Abhängigkeiten nur verstärken und jede Form von Selbsthilfe bereits im Ansatz ersticken würden. Neben den staatlichen Einnahmequellen sind es zumeist schlecht bezahlte *blue-collar jobs*, Einnahmen aus den steuerlich begünstigten *Indian Trading Posts*, wo man über und unter der Ladentheke »indianische Kulturgüter« erwerben kann, die kunsthandwerkliche Produkte ebenso umfassen wie den bei Kunden weitaus populäreren billigen Tabak. Ob die Verteilung von Kasino-Lizenzen an First Nations einen Ausweg aus dem wirtschaftlichen und vor allem dem sozialen Elend weisen kann, ist mehr als fraglich. Von dem moralischen Dilemma, die soziale Lage der einen durch die Ausbeutung der Süchte anderer zu verbessern, einmal abgesehen, versickern die für die Allgemeinheit gedachten Profite zu häufig in dunklen, oftmals außerhalb der Reservate gelegenen Kanälen.

Die wirtschaftliche und soziale Lage der First Nations, der Inuit und der Métis und deren Ursachen sind graduell verschieden, gemeinsam ist den Gruppen der indigenen Bevölkerung jedoch die zum Teil eklatante Ungleichheit der Lebenschancen. Zweifelsohne hat die Politik des Multikulturalismus einen Prozess in Gang gesetzt, der letztlich auch den Ureinwohnern mehr Rechtssicherheit, mehr kulturelle Selbstbestimmung und bis zu einem gewissen Grad auch verbesserte soziale Rahmenbestimmungen gebracht hat. Die schwierige Aufgabe für die nächste Zukunft wird sein, vor allem den Sozial- und Bildungsbereich den speziellen Bedürfnissen dieser Gruppen besser anzupassen. Im Falle der First Nations existieren bereits einige, allerdings notorisch unterfinanzierte Hochschulen, für die Inuit wird die Einrichtung einer vergleichbaren Institution im Norden gefordert. Doch werden solche Maßnahmen erst dann den erhofften Erfolg erbringen, wenn die Ureinwohner nicht als Exoten im kanadischen Mosaik marginalisiert werden, sondern in die Mitte der multikulturellen Gesellschaft rücken.

Kanadischer Alltag und Kultur

Reden wir (noch mal) übers Wetter

Ein Gespräch mit einem Verweis auf das Wetter zu beginnen ist einfallslos und langweilig? Nicht so in Kanada, zumal das Wetter dort ebenfalls alles andere als langweilig ist. Auch ist der Austausch über das Wetter mehr als nur *small talk,* bevor man zur eigentlichen Sache kommt. Es ist die eigentliche Sache! Wenn über das Wetter geredet wird, dann zumeist im Ton der Klage. Mal ist es zu heiß, dann zu kalt; mal ist es zu schwül, dann zu trocken. Wenn zusätzlich noch Erinnerungen an den letzten Schneesturm oder die letzte Hitzewelle einfließen, dann wird das Gesprächsthema so schnell nicht gewechselt. Die in Saskatoon lebende Mutter eines guten Freundes rief nahezu täglich an, um ihm die Wettervorhersage für Toronto durchzugeben und vor drohendem wetterlichen Ungemach zu warnen. »Yes, mum, looking out of the window I know it's snowing …«, war die typische Antwort. Die Wettervorhersagen der Tageszeitungen füllen zumeist eine ganze Seite, so dass man immer auch über die Extremtemperaturen in Iqaluit, Whitehorse oder Yellowknife informiert ist, den allerdings doch weit entfernten zivilisatorischen Außenposten im nicht mehr ganz so ewigen Eis. Auch redet man nicht nur über das Wetter, sondern auch über jene, die tagtäglich über das Wetter berichten. Die bekannteren *weather forecaster* haben in Kanada Promi-Status. Die Allgegenwärtigkeit des Wetters in den Gesprächen liegt natürlich auch darin begründet, dass es aufgrund seiner Extreme manchmal einfach nicht mehr zu ignorieren ist. Wir haben in Toronto nicht enden wollende schwülheiße Sommer mit mächtigen Gewittern wie schneereiche und eiskalte Winter erlebt, wobei Letztere leider, aber naturgemäß, von längerer Dauer sind.

Bewundernswert ist trotz aller Klagen die Langmut, mit der die Mehrzahl der Kanadier auch die unwirtlichsten Wetterver-

hältnisse akzeptiert und das Beste daraus zu machen versuc.
Als im August 2003 bei sengender Hitze zwischen Ostküste
und Großen Seen die Stromversorgung für vier Tage unterbrochen und das öffentliche Leben lahmgelegt war, half man einander nicht nur, sondern verlegte ganz unkanadisch das Private
in die Öffentlichkeit. In Toronto etwa gab es zahlreiche *neighbourhood parties* auf den Straßen, von denen die Einheimischen heute noch schwärmen. Uns traf es leider im Winter, mit
minus 30° Celsius ausgerechnet am kältesten Tag des Jahres
2009. Doch hatten wir Ruhe zu bewahren gelernt, erleuchteten
das Haus mit Kerzen und übernachteten auf einem provisorischen Matratzenlager direkt vor dem die Nacht hindurch befeuerten Kamin. So wie es eben alle unsere Nachbarn taten.
Langmut ist gerade im kanadischen Winter erste Tugend. Überall wird man vermummten Menschen gewahr, die manuell oder
(sehr viel lieber noch) maschinell die Schneemengen des letzten
blizzards beiseite schieben, obschon der nächste bereits ange-
kündigt ist, die stoisch den Zusammenbruch der öffentlichen
Infrastruktur zur Kenntnis nehmen, weil Gleise, Weichen oder
Flugzeuge eingefroren sind, Autos nicht mehr anspringen oder
die vor verschlossenen Türen öffentlicher Gebäude stehen, weil
die Behörden »schneefrei« gegeben haben. Dass man in Kanada ist, merkt man auch daran, dass elektrische Stecker aus
zahlreichen Motorhauben heraushängen, so dass bei eingefro-
renem Kühlsystem der Motor im Bedarfsfall an eine externe
Heizung angeschlossen werden kann. Ich habe mehrere Konferenzen erlebt, deren Programm aufgrund wetterbedingter kurz-
fristiger Absagen spontan zusammengestrichen werden musste,
ohne dass dies jemanden sonderlich aufgeregt hätte. Denn irgendwie ist man als Kanadier auch stolz auf Wetterrekorde und
auf die eigene Widerständigkeit gegen die klimatischen Zumu-
tungen.

Die zweite bedeutende Tugend heißt Vorsorge. Es lohnt sich
in der Tat, bei sich ankündigendem Extremwetter den lokalen
Wetterbericht zu studieren, die Berechnungen des *wind chill* zu
beachten und im Zweifelsfall herauszufinden, ob der Ort, den
man an diesem Tag aufsuchen möchte, überhaupt geöffnet hat.
Zur Vorsorge gehört auch das Tragen der richtigen Kleidung.
Die winterliche Funktionskleidung mag kein Augenschmaus

legt der durchschnittliche Kanadier auf modische
zen ohnehin keinen sonderlichen Wert. Als hilfrei-
itverbreitete Techniken für den Arbeitsalltag haben
n, unter dem Anzug eine Thermojacke (und darü-
᠁ ᠁ winterjacke) zu tragen oder das für einen besonderen
Anlass vorgesehene Paar Schuhe in einer Tasche mit sich zu
führen und erst nach Betreten eines trockenen und geheizten
Gebäudes anzuziehen. So macht Not erfinderisch, und wenn es
darum geht, dem Winter zu trotzen, ist den Kanadiern nichts
vorzumachen. Winterkleidung kann man natürlich an jeder
Ecke kaufen, doch der bevorzugte Ort ist die *Mountain Equip-
ment Coop*, kurz MEC, ein genossenschaftlich organisiertes
Unternehmen mit zum Teil grandiosen Verkaufsstellen in den
großen Städten, dem nahezu zehn Prozent aller Kanadier als
stimmberechtigte Mitglieder angehören. So wie das alljährliche
Durchleiden des Winters allen Kanadiern gemeinsam ist, so ist
auch MEC eine gesamtkanadische Institution, die über Pro-
vinz- und Sprachgrenzen hinweg einen gemeinsamen Erfah-
rungsraum schafft.

Eine zweite Variante, dem Winter zu entgehen, ist, das Dach
über dem Kopf erst gar nicht zu verlassen. In der Tat scheint, so
unsere Erfahrung, das gesellige Leben während der langen kalten Monate gleich mit eingefroren zu sein. Uns kam es manchmal so vor, als hätten sich Nachbarn und Freunde komplett
eingehaust, nur um auf den Mai zu warten, wenn dann binnen
weniger Wochen das Wetter in das andere Extrem umschlägt.
Sollte man aber doch das Haus verlassen müssen, gibt es zumindest in den Metropolen Montreal und Toronto regelrechte
Untergrundstädte. Grandios ist die *Ville intérieure*, offiziell
RÉSO, in Montreal, die größte unterirdische Stadt der Welt.
Auf einer Länge von 32 Kilometern verbindet das Netzwerk
von Passagen, Tunnels und U-Bahnhöfen nahezu die gesamte
Innenstadt unter der Erde, so dass man Behördengänge oder
Einkäufe erledigen kann, ohne jemals ans Tageslicht bzw. in die
grimmige Kälte gehen zu müssen. Wo keine Untergrundstädte
Schutz bieten, wachsen hingegen die Heizstrahler und Radiato-
ren wie Pilze aus dem Boden. So wird den besonders Hartgesot-
tenen auch im Winter ein Aufenthalt auf den zahlreichen *patios*
der Restaurants ermöglicht. Nicht zu vergessen sind auch die

gigantischen *shopping malls*, die einem auch im Winter karibische Gefühle vermitteln. Bis 2004 war die West Edmonton Mall die weltweit größte Einrichtung ihrer Art, das 1977 eröffnete Eaton Centre in Downtown Toronto setzte architektonische Maßstäbe für den Bau späterer Einkaufszentren.

Schließlich bleibt als letzte Zuflucht der Flug nach Süden. Kanadier stehen trotz weitaus weniger Urlaubstage im Jahr den selbsternannten Reiseweltmeistern aus Deutschland nur wenig nach und reisen vorzugsweise im Winter, wenn möglich auch mehrere Monate lang, in wärmere Gegenden. Jährlich ziehen etwa 300 000 *snowbirds*, vorwiegend Rentner, für durchschnittlich fünf Monate nach Florida. Dort haben sich an manchen Orten eigene kanadische *communities* gebildet, natürlich streng nach Muttersprache getrennt lebend. Weitere beliebte Ziele liegen in Mexiko und in der Karibik, dort dank der seit der Ära Trudeau traditionell guten Beziehungen vorzugsweise in Kuba, das von jährlich über einer Million Kanadier in der *winter season* touristisch frequentiert wird.

Eine naheliegende, doch gänzlich andere Art, den kanadischen Winter zu verbringen, heißt ihn bewusst zu erleben und zu genießen. Als wir Freunden einmal von unserem Plan berichteten, eine Winterreise ins nördliche Quebec vorzunehmen, wurden wir schlichtweg für verrückt erklärt. Dass wir gleichwohl an diesem Plan festhielten, bescherte uns eine einzigartige Erfahrung. Nach 16 Stunden Autofahrt in die klirrende Kälte – wir sprechen hier von Temperaturen bis zu minus 40° Celsius – boten die in haushohe Schneebänke hineingefrästen Straßen oder die zu bizarren Formationen übereinandergeschichteten Eisschollen auf dem an dieser Stelle 25 Kilometer breiten Sankt-Lorenz-Strom einmalige Eindrücke von der winterlichen Naturgewalt. Auch wandeln sich die Fortbewegungsmittel. Wer es traditionell mag, kann sich im *dogsledding* oder *snowshoeing* versuchen. Wer Wert auf Geschwindigkeit und Motorengeheul legt, wird auf den von Joseph-Armand Bombardier erfundenen und überall erhältlichen *Ski-Doo* umsteigen. Auch andernorts werden die Annehmlichkeiten des Winters touristisch mit großem Erfolg vermarktet. Orte wie Banff oder Jasper in den Rocky Mountains und Whistler in den Coast Mountains sind systematisch zu Zentralen des alpinen Wintersports in Kanada entwickelt worden. Berühmt ist das *Hôtel de Glace* in Quebec Stadt, wo man sich zwischen Januar und März bei stabilen Innentemperaturen von um die minus fünf Grad Celsius einmieten und in einer eigens dafür eingerichteten Kapelle ehelich trauen lassen kann – gewaschen wird sich hingegen im geheizten *Celsius Pavillon!* Im Februar lädt die Doppelstadt Ottawa-Gatineau zum alljährlichen *Winterlude*, ein Festival zu Ehren des Winters, für das der Rideau Canal auf einer Länge von 100 Kilometern für Hunderttausende Schlittschuhläufer zum öffentlichen *skating rink* präpariert wird. Was man mit Schnee und Eis sonst noch alles anfangen kann, erfährt man im *Snowflake Kingdom* und im *Crystal Garden*, wo unter anderem traumhaft schöne Eisskulpturen in einer Art temporärem Freilichtmuseum ausgestellt werden.

Wenngleich hier – allerdings mit guten Gründen – vornehmlich vom kanadischen Winter die Rede ist, es gibt auch einen Sommer, der es in sich haben kann. Wenn sich, je nach Breitengrad, im April oder Mai der Winter endgültig zurückzieht, beginnt eine Jahreszeit, in der nicht mehr das Eishotel, sondern das *Cottage* im Blickpunkt steht. Ich habe kaum einen eingesessenen Kanadier kennengelernt, der nicht Besitzer eines Landhauses war oder einen Besitzer eines Landhauses kannte. Nach Monaten der handwerklichen Instandsetzung der Sommerhäuser, vorzugsweise mit Hilfsmitteln aus den Beständen der in Stadt und Land omnipräsenten Baumarktkette *Canadian Tire*, läuft die eigentliche *cottage season* während der Sommerferien von Ende Juni bis zum Labour Day am ersten Montag im September. Üblicherweise besitzt jedes urbane Zentrum nur wenige Autostunden entfernt ein *Cottage Country*, ein Naherholungsgebiet mit zahllosen unmittelbar an einem der vielen dicht bewaldeten Seen gelegenen Sommerfrischen. So schön und angenehm diese Cottage-Aufenthalte sind, der Weg dorthin kann zur Tortur werden, wenn vor allem an langen Wochenenden im sogenannten *highway blitz* sich Auto an Auto reiht und sich gesamte Städte auf Rädern in die Natur zu bewegen scheinen. Auch ökologisch und landschaftlich sind die *Cottage Countries* ein mittleres Desaster. Zwar existieren mittlerweile strengere Bauauflagen, doch sind die ehemals unberührten Landschaften um die zahllosen Seen herum derart zersiedelt, dass nur die

Weite des Landes das Ausmaß der Zerstörung halbwegs ver-
deckt. Doch wenn man am Abend in seinem *Muskoka Chair*,
dem typischen Armlehnstuhl aus Holz, sitzt und in den Sonnen-
untergang schaut, der *loon* über den See ruft und später am
Abend aus der Ferne ein Wolf heult, dann ist man wieder mit
sich und dem Cottage versöhnt und wird zustimmen: *A pretty
good place to live, eh!*

Mehr als nur Sport – das Mutterland des *hockey*

Doch zurück zum Winter. Kanada gilt als das Mutterland des
Eishockeys. Vorläufer des ebenso schnellen wie harten Spiels
hatten sich zwar auch in Skandinavien entwickelt, doch waren
es zunächst britische Kolonialsoldaten, die das aus Irland stam-
mende *shinney* aufgrund der klimatischen Bedingungen in Kanada aufs Eis verlegten. Studenten und Dozenten der englischsprachigen McGill University in Montreal gaben dem Spiel
feste Regeln und trugen 1875 das erste reguläre Eishockeyspiel
der Geschichte aus. Übrigens ist das Spiel in Kanada ausschließlich unter dem Namen *hockey* bekannt. Denn die Vorstellung,
hockey könnte auf einem anderen Untergrund als Eis gespielt
werden, ist dem Kanadier ebenso fremd wie einem traditions-
bewussten Mitteleuropäer der Gedanke, dass ein Fußball nicht
rund sein müsse.

Mittlerweile ist das professionelle Eishockey in Kanada ein
Milliardengeschäft. Die Montreal Canadiens sind mit 26 gewonnenen Stanley Cups das erfolgreichste *franchise* der National Hockey League, der besten Eishockeyliga der Welt, die noch
immer die talentiertesten Spieler aus der ganzen Welt anzieht.
Repräsentieren die Canadiens, die auch *Habs* als Kurzform für
habitants genannt werden, sowohl das frankophone Kanada
als auch die nostalgische Variante des Sports, stehen die Toronto Maple Leafs für das amerikanische Modell knallharter
Geschäftsinteressen. Die *Maple Leafs Sports Entertainment In-
corporation*, die neben den Leafs auch die Profimannschaften
Toronto Raptors (Basketball) und Toronto FC (Fußball) besitzt,
hat das *franchise* trotz über 40 Jahre währender sportlicher Er-

folglosigkeit als erfolgreichste kanadische Marke etabliert. Die Leafs gelten mit einem geschätzten Wert von 400 Millionen Euro als das profitabelste Team in der NHL. Ihre vorwiegend in Ontario beheimateten Fans, die *Leafs Nation*, gehen mit dem Club durch dick und dünn, worauf auch die Zuschauerzahlen verweisen: Die knapp 22 000 Plätze im Air Canada Centre sind trotz horrender Eintrittspreise bei häufig zweifelhaften Leistungen immer ausverkauft. Der Besuch eines professionellen Eishockeyspiels kann allerdings auch aus anderen Gründen zum Reinfall werden. Als ich mit meinem Sohn einmal für einen dreistelligen Dollarbetrag mittlerer Höhe das wohl langweiligste Eishockeyspiel aller Zeiten anschaute, waren wir besonders von der lahmen Atmosphäre enttäuscht. Wer europäische Fankultur erwartet, wird sich enttäuscht sehen. Die Zuschauer folgen, wenn überhaupt, vornehmlich den Anweisungen auf dem gigantischen Würfelmonitor und sind in erster Linie mit dem Verzehr von Popcorn, Hamburger und Soft Drinks beschäftigt.

Von den insgesamt 30 Teams der NHL haben nur noch sieben ihre Heimat in Kanada, doch sind weiterhin mehr als die Hälfte aller Spieler Kanadier. Unübertroffen ist die hochemotionale Rivalität zwischen den Canadiens und den Maple Leafs, die eben auch, aber nicht nur, eine Rivalität zwischen franko- und anglophonen Kanadiern ist. Im Westen erhitzt der Städtewettkampf zwischen den Calgary Flames und den Edmonton Oilers die Gemüter der Fans. Und doch ist ein relativer Bedeutungsschwund des in der NHL organisierten professionellen Eishockeysports zu beobachten, trifft die Ligaführung ihre Entscheidungen über Lizenzvergaben doch ausschließlich nach ökonomischen Kriterien, was zu der absurd anmutenden Situation geführt hat, dass man professionelles Eishockey zwar im Wüstenstaat Arizona, in Florida oder gleich mehrfach in Kalifornien, aber weder in Quebec Stadt noch an der kanadischen Atlantikküste erleben kann. Mittlerweile ist ein leichter Trend zurück zu den Wurzeln zu beobachten, hat die NHL doch erkannt, dass man das Produkt *hockey* nicht auf beliebigen Märkten verkaufen kann, sondern die kulturellen Bindungen des Publikums berücksichtigen muss. Seit kurzer Zeit spielt mit den Winnipeg Jets wieder ein Team aus den Prairie-Provinzen in der NHL, und es gibt erhebliche Anstrengungen, weitere Teams nach Ontario und Quebec zu locken.

Ungebrochen hingegen sind Begeisterung und Erwartungshaltung, wenn *Team Canada*, ganz gleich ob Männer, Frauen oder Junioren, an internationalen Turnieren teilnimmt. Alles andere als eine Goldmedaille wird als Niederlage und nationale Tragödie verstanden. Immerhin wurde die Herren-Nationalmannschaft 24 Mal Weltmeister und achtmal Olympiasieger, trotz einer knapp 40-jährigen Durststrecke, während der die in der NHL aktiven Spieler für internationale Turniere nicht freigestellt wurden. Die Frauenmannschaft und sämtliche Juniorenmannschaften sind ohnehin das Maß der Dinge im internationalen Eishockey. Die großen und geradezu legendären Momente der kanadischen Eishockeynationalmannschaft kennt jedes Kind. Am berühmtesten wohl sind die Geschichten, die sich um die *Summit Series* von 1972 zwischen Kanada und der Sowjetunion ranken – eine Turnierserie nach dem Modus *best-of-seven* zwischen den vor Selbstbewusstsein strotzenden kanadischen Profis und den in Nordamerika kaum bekannten sowjetischen Staatsamateuren inmitten des Kalten Krieges. Als die sich unbesiegbar wähnenden Kanadier in den beiden ersten Spielen von der spielstarken *sbornaja* völlig demontiert worden waren, stürzte dies eine ganze Nation in tiefe Depression. Doch nicht zuletzt aufgrund des Einsatzes sämtlicher erlaubter und unerlaubter Mittel körperlicher Härte spielten sich die Ahornblätter in die Serie zurück und gewannen das entscheidende siebte Spiel durch ein Tor 34 Sekunden vor Spielende. Dass das nächste Duell von der Sowjetunion gewonnen wurde, ist zumindest in Kanada hingegen höchstens in den Sportstatistiken verzeichnet. Auch das Siegtor von Jungstar Sidney Crosby gegen den Erzrivalen USA in der Verlängerung des olympischen Finals von Vancouver 2010 besitzt das Potential zum nationalen Mythos.

Natürlich hat das kanadische Eishockey eine Reihe von sportlichen Weltstars hervorgebracht, hierzulande vielleicht am besten bekannt: *The Great One*, Wayne Gretzky, Sohn ukrainischer Einwanderer, der wohl erfolgreichste und beste Spieler aller Zeiten, der sämtliche Rekorde brach und alle denkbaren Trophäen gewinnen konnte – die olympische Goldmedaille allerdings ausgenommen. Als er 1988 das Undenkbare tat, nämlich die Edmonton Oilers verließ, um in Los Angeles dem Sport zu mehr Popularität zu verhelfen und nebenbei sein Bankkonto spürbar aufzustocken, erschienen die Tageszeitungen mit Trauerflor. Mittlerweile ist Gretzky ein wichtiger Sportgeschäftsmann und Hans Dampf in allen (Eishockey-)Gassen, eine Art Franz Beckenbauer im kanadischen *hockey*. Ein weiterer Eishockeyspieler, der Sport und Profit vorzüglich miteinander zu verbinden wusste, war der 1974 bei einem Autounfall verstorbene Tim Horton, der unter eben diesem Namen Kanadas größte Kaffee- und Doughnut-Kette begründete. *Tim Hortons* besitzt heute über 3000 Verkaufsstellen in Kanada und ist in jeder noch so abgelegenen Region vertreten. Wenngleich die Kette mittlerweile auch in den nördlichen USA, in Großbritannien und Irland (und bis vor kurzem gar in Kandahar in der dortigen kanadischen Militärbasis) vertreten ist, gehört sie zu den wenigen nationalen Institutionen, mit denen alle Kanadier etwas anfangen können.

Hinzu kommt eine mediale Allgegenwart, die ihresgleichen sucht. Die samstägliche *Hockey Night in Canada*, die weltweit älteste ununterbrochen gesendete Sportsendung, mit dem charismatischen, chauvinistischen und verlässlich bizarr gekleideten Großmaul Don Cherry als Experten, zieht Woche für Woche das kanadische Fernsehpublikum in ihren Bann, und die Live-Übertragung des Endspiels zwischen Kanada und den USA bei den vergangenen Olympischen Winterspielen in Vancouver erreichte eine sagenhafte Einschaltquote von bis zu 80 Prozent. Besucht man zu einer beliebigen Tageszeit ein Café oder einen Diner, von *sports bars* einmal ganz abgesehen, kann man davon ausgehen, dass entweder ein Eishockeyspiel live im Fernsehen übertragen wird oder die zahlreichen Eishockey-Experten des Landes irgendein vergangenes oder anstehendes Spiel im Fernsehen diskutieren.

Doch die herausragende Bedeutung von Eishockey für die kanadische Gesellschaft und Kultur illustriert am besten die aktuelle Fünf-Dollar-Note: Im Zentrum der dargestellten Winterlandschaft spielen Kinder Eishockey, daneben steht ein Auszug aus Roche Carriers berühmter Kurzgeschichte *Le chandail de hockey:* »Die Winter meiner Kindheit waren lange, lange Jahreszeiten. Wir lebten an drei Orten: der Schule, der Kirche und der Eislauffläche, aber das wahre Leben ist auf der Eislauffläche.« *Hockey rink* und gefrorener *backyard pond* gehören zur Standardausstattung auch des abgelegensten Ortes irgendwo in Kanada, und das *pick-up game* ist alltägliches Ritual von Jung und Alt. In unserer *neighbourhood*, wo keine feste Spielfläche vorhanden war, baute man sich eben eine (oder sogar zwei direkt nebeneinander), indem im Winter einfach lange genug ein Rasenstück im Park bewässert wurde. Väter reichen ihre Kindheitserfahrungen an die Söhne und in zunehmenden Maße auch an die Töchter weiter, die legendäre *hockey mom* karrt ihre Sprösslinge von Training zu Training und Spiel zu Spiel, und Familien geben jährlich ein kleines Vermögen für die umfangreiche Ausrüstung aus. Eishockeyspieler sind die *role models* und die professionellen Eishockeyligen, an erster Stelle natürlich die NHL, die Traumfabriken der kanadischen Gesellschaft. Doch Eishockey ist weit mehr als nur Freizeitspiel oder Profisport, es ist auch Gegenstand zahlloser literarischer, wissenschaftlicher und politischer Stilisierungen, Selbstreflexionen und Standortbestimmungen. Es ist das grundlegend kanadische Spiel, das außerhalb der großen Sporthallen nur unter bestimmten, eben kanadischen, Bedingungen gespielt werden kann. Bruce Kidd, ehemaliger Olympionike und Sporthistoriker an der University of Toronto, formulierte es so: »Eishockey erfasst das Wesen der kanadischen Erfahrung in der Neuen Welt. In einem Land, das geprägt ist von unentrinnbarer und unwirtlicher Kälte, ist Eishockey der Tanz des Lebens, eine Bestätigung, dass wir trotz der Todeskälte noch am Leben sind.« Es ist auch ein Spiel, in dem jene Charakterzüge betont werden, die der weiße Durchschnittskanadier gern als typisch kanadisch ansieht: harte Körperlichkeit, Fleiß, Widerspenstigkeit, Teambereitschaft und Bescheidenheit im Sieg. In der multikulturellen Gesellschaft hingegen kommt Eishockey nur langsam an. Die Zahl der in der NHL engagierten *visible minorities* ist überschaubar, und das typische Eishockeypublikum in den Arenen entspricht kaum dem ethnischen Mosaik. Dies dürfte sich womöglich bald ändern, haben die großen Eishockeyclubs doch die sichtbaren Minderheiten als neue Zielgruppe erkannt und bereits begonnen, spezielle Förderprogramme aufzulegen.

Nicht zuletzt ist Eishockey in Kanada auch eine hochpolitische Angelegenheit. Kaum ein Politiker, welcher der Versuchung widersteht, mit Eishockey im politischen Alltagsgeschäft zu punkten. Eishockey ist regelmäßig Gegenstand erhitzter parlamentarischer Debatten, und es mag wohl kein zweites Land auf der Erde geben, in dem das sportlich enttäuschende Abschneiden einer Nationalmannschaft bei Olympischen Spielen in einem eigenen Parlamentarischen Untersuchungsausschuss behandelt würde. Traurige Berühmtheit erlangte der sogenannte *Richard Riot* von 1955, als aufgebrachte Fans der Montreal Canadiens auf die Barrikaden gingen, weil sie hinter einer Spielsperre ihres großen Idols Maurice Richard einen Angriff des britischen Establishments gegen die Frankokanadier vermuteten. Mit den massiven Ausschreitungen in Montreal wird gemeinhin auch die *Révolution tranquille*, die gesellschaftliche Modernisierung und das Erstarken des Separatismus in Quebec, in Verbindung gebracht. Auch ist so mancher prominente Eishockeyspieler in die Politik gewechselt. Der Bekannteste ist wohl Ken Dryden, ehemaliger Startorhüter der Canadiens mit sechs gewonnenen Stanley-Cups, der für die Liberale Partei im Bundesparlament sitzt und unter Paul Martin gar ein Ministeramt bekleidete. Doch es geht auch umgekehrt. Der aktuelle Premierminister und Autor einer Geschichte des Eishockeys, Stephen Harper, antwortete offenherzig auf die Frage, ob er denn sein politisches Amt gegen eine NHL-Karriere eintauschen würde: »Es mag schrecklich klingen, aber jeder kanadische Junge, der in der NHL spielen könnte, würde in der NHL spielen.«

The True North Strong and Free – Kanada als nordisches Land

Neben der Wintererfahrung verraten bereits ein flüchtiger Blick auf die Landkarte und obiges Zitat aus der englischen Fassung der Nationalhymne, dass Kanada ein nordisches Land ist. Nach Russland ist Kanada der zweitgrößte Anrainerstaat in der Arktis. Nimmt man die drei nördlichen Territorien als Bezugsgröße, so macht der Norden knapp 40 Prozent des kanadischen Staatsgebietes aus. Erweitert man die Definition um den *Near North*, die nördlichen Teile der Provinzen, kommt man gar auf zwei Drittel. Doch bedeutet Norden in Kanada weitaus mehr als nur eine Himmelsrichtung. Zunächst bezeichnet er die sich dramatisch wandelnde Lebenswelt von insgesamt etwa 50 000 Menschen, in ihrer Mehrheit Mitglieder der Inuit, einer der drei offiziell anerkannten indigenen Volksgruppen. Darüber hinaus bezieht sich auf den Norden ein national und international mitunter erregt diskutierter politischer Anspruch, manifest in der Doktrin der *arctic sovereignty*. Schließlich kann man den Norden auch als Vorstellung mit geradezu mythischen Qualitäten verstehen. In diesem Sinne ist der kanadische Norden ein Raum kultureller Zuschreibung und Orientierung, der seine Bedeutung erst über die wechselseitigen Beziehungen zum Süden erhält und Kanada als *The Great White North* plausibel erscheinen lässt.

Im Februar 2010 trafen sich die Finanzminister und Zentralbankchefs der G7-Staaten an einem der wohl ungewöhnlichsten Orte in der Geschichte der internationalen Kongresse: nämlich in Iqaluit, Hauptstadt des kanadischen Territoriums Nunavut, in unmittelbarer Nähe des nördlichen Polarkreises gelegen, knapp 7000 Einwohner, Durchschnittstemperatur im Februar minus 28° Celsius. Zwar bewahrheiteten sich die ursprünglichen Befürchtungen kritischer Beobachter nicht, der jahreszeitlich ortsübliche Blizzard blieb aus, so dass der bereitgehaltene Evakuierungsplan nicht in die Tat umgesetzt werden musste, die Infrastruktur des kleinen Ortes brach nicht zusammen, und selbst das im Protokoll vorgesehene traditionelle Inuit-Festmahl mit rohem Robbenfleisch weitete sich nicht zum Skandal aus, da zu diesem Zeitpunkt die meisten europäischen Delegationen bereits abgereist waren. Doch bleibt die Beantwortung der Frage, die innerhalb wie außerhalb Kanadas immer wieder gestellt wurde: Warum verlegte die kanadische Regierung ein derart bedeutendes internationales Treffen, zumal in Zeiten globaler finanzieller Erschütterungen, in ein kleines Nest in der arktischen Provinz? Diese Entscheidung reiht sich ein in eine Serie von Maßnahmen der letzten Jahre, die sich sämtlich auf die politische Doktrin der *arctic sovereignty* beziehen lassen. Der von der kanadischen Regierung erhobene Anspruch auf territoriale Integrität in den zum Staatsgebiet gehörenden arktischen Regionen ist nichts Neues, wurde dieser doch schon in den 1920er Jahren formuliert, doch haben sich Quantität und Qualität der kanadischen Unternehmungen im hohen Norden in den beiden letzten Jahrzehnten dramatisch verändert. Zunächst ging es ausschließlich darum, den Begehrlichkeiten europäischer Anrainerstaaten (insbesondere Dänemarks und Norwegens) entgegenzuwirken, indem mittels Patrouillen, Polizeiposten oder Volkszählungen Wille und Fähigkeit zur politischen Kontrolle der arktischen Besitzungen nachgewiesen wurden. Während des Zweiten Weltkriegs wie auch später im Kalten Krieg erhielt die kanadische Arktis erstmals sicherheitsstrategische Bedeutung, als gemeinsam mit den US-Streitkräften eine Reihe von Militärbasen eingerichtet wurden, darunter auch die Frobisher Bay Air Base, heute der lokale Flugplatz von Iqaluit. Allerdings wurden vollmundige Ankündigungen, wie die Inbetriebnahme eines die Nord-West-Passage patrouillierenden Eisbrechers oder der Ankauf atombetriebener Unterseeboote, stets aufgrund budgetärer Engpässe und pragmatischer Kosten-Nutzen-Rechnungen nicht realisiert. Dass sich die kanadische Politik der zurückhaltenden Präsenz in der Arktis mittlerweile zu einer offensiveren »Nordpolitik« hin verschoben hat, liegt in erster Linie an den vor allem in der Arktis bereits heute mess- und spürbaren Folgen der Erderwärmung und den daraus folgenden Zukunftsvisionen, die Kanada als einen der (möglicherweise kurzfristigen) »Gewinner« des Klimawandels erscheinen lassen. Seriöse wissenschaftliche Messungen wie Beobachtungen der indigenen Bevölkerung lassen keinen Zweifel daran, dass der prognostizierte Klimawandel die Arktis bereits voll erfasst hat. Massive Temperaturanstiege bewirken tiefgreifende Veränderungen des Klimas, der Topographie sowie der Tier- und Pflanzenwelt im hohen Norden, die einerseits die angestammte Lebenswelt der Ureinwohner auf Dauer zu zerstören scheinen, andererseits neue Begehrlichkeiten weckten. Mit der Eisschmelze werden ungeheure natürliche Ressourcen – Erdöl, Gas und Metalle – freigelegt und Schifffahrtswege gangbar, die bislang vom scheinbar ewigen Eis eingeschlossen waren. Zwar sehen kanadische Experten die legendäre Nord-West-Passage erst in zehn bis 20 Jahren als eine ökonomisch vertretbare Alternative zu bisherigen Ost-West-Routen der Handelsschifffahrt, die allerdings um ca. 50 Prozent länger sind, doch haben erste Handelsschiffe die zeitweise eisfreie Route bereits erfolgreich passiert. Sicherlich beschränkt sich die kanadische Politik der *arctic sovereignty* nicht nur auf Weichenstellungen zur Ausbeutung der arktischen Rohstoffvorkommen, doch wäre die der Region gewidmete Aufmerksamkeit ohne die kalkulierten wirtschaftlichen Vorteile sicherlich nicht annähernd so groß.

Aufgrund der jahrzehntelangen Zurückhaltung bei der Erschließung der Arktis ist Kanada nach Aussagen der heimischen Arktis-Lobby gegenüber den europäischen Anrainerstaaten, vor allem aber gegenüber Russland in Rückstand geraten. Da auch die USA über Alaska Zugang zur Arktis hat, bergen die Ausbeutungsutopien jede Menge internationalen Konfliktstoff. Zwar sind frühere Streitigkeiten über die Staatszugehörigkeit arktischen Landes weitgehend beigelegt, doch gilt dies nicht für die Gewässer. So streitet Kanada mit Dänemark über den Besitz einer kleinen Insel, Hans Island, deren Bedeutung in ihrer Schlüsselfunktion für die Einfahrt in die Nord-West-Passage liegt. Eine zweite Konfliktlinie verläuft insbesondere zwischen Kanada und den USA über die Frage, inwiefern die Nord-West-Passage als kanadisches bzw. internationales Gewässer zu verstehen ist. Mit Russland, das derzeit wohl am aggressivsten seine Ansprüche auf die Arktis vertritt, wie auch mit Dänemark gibt es eine Kontroverse über die territoriale Zugehörigkeit des Lomonossow-Rücken, die wohl nur mittels komplizierter geologischer Untersuchungen beigelegt werden kann. Man muss davon ausgehen, dass die schwelenden und die offenen Konflikte über Besitzansprüche in der Arktis eher zunehmen werden. Allerdings gibt es insofern Hoffnungsschimmer, als die Lebensbedingungen in der Arktis noch immer derart hart sind, dass bereits heute schon zahlreiche Vermessungs- und Erschließungsprojekte nur in internationaler Kooperation durchgeführt werden können. Hinzu kommt, dass mit dem *Arctic Council* eine regelmäßige beratende gemeinsame Institution der Anrainerstaaten geschaffen wurde, welche die Konfliktparteien zumindest an einen Tisch zwingt.

Wenn der arktische Norden überhaupt jemandem »gehört«, dann den kanadischen Inuit, deren Vorfahren das Gebiet bereits vor 3000 Jahren bewohnten. Die mittlerweile weitgehend aufgegebene traditionelle Lebensweise der Inuit ist trotz zahlreicher gestellter Szenen in dem ethnografischen Dokumentarfilm »Nanook of the North« von 1922 noch einmal eindrucksvoll festgehalten worden. Daneben existiert eine reichhaltige ursprünglich orale Erinnerungskultur, die Einblick in das Leben der Inuit vor dem Einbruch der westlichen Moderne gewährt. Sie zeugt von einer ausgeprägten Jagd- und Kriegerkultur und einem, den Beutetieren folgenden, halbnomadischen Leben im Familienverbund. Seit dem Zweiten Weltkrieg, als der Kontakt mit den weißen Kanadiern zunahm und dann stetiger wurde, hat sich die Lebensweise der Inuit sukzessive gewandelt. Lange Zeit hatte die politische Elite Kanadas die Inuit als eine vernachlässigenswerte Größe behandelt, sie zwangsweise umgesiedelt und ihnen ohne weiteres Nachdenken zivilisatorische Errungenschaften und westliche Werte übergestülpt. Bereits Mitte der 1960er Jahre war aus einer einstmals selbstsuffizienten nomadischen Bevölkerungsgruppe ein Problemfall der kanadischen Gesellschaft geworden, was sich in Alkoholismus, einer erhöhten Selbstmordrate und der Unfähigkeit zur Selbstversorgung äußerte. Zwei Bewegungen verhinderten allerdings das Aussterben der Inuit-Kultur. Die kanadische Bundesregierung, insbesondere in Person des damaligen *Minister of Indian Affairs* und späteren Premierministers Jean Chretien, begann zu realisieren, dass auch die Inuit ein Recht auf Teilhabe an der Vision der *Just Society* hatten. Sie richtete Verwaltungszentren, Schulen und Krankenhäuser an zentralen Orten in den Nord-West-Territorien ein und begann, die Inuit ihr Territorium selbst verwalten zu lassen. Zudem gewährte die Bundesregierung den Inuit noch vor den First Nations Minderheitenrechte, die seit 1982 von der Verfassung garantiert werden. Andererseits begehrte eine junge Generation von westlich gebildeten Inuit gegen die Bevormundung durch Ottawa auf und trug weitreichende Landforderungen vor. Nach zwei Volksabstimmungen wurde 1999 das Territorium Nunavut mit einheimischen Amtssprachen neben Französisch und Englisch gebildet und – weitgehend vom Bundesstaat finanziert – unter Selbstverwaltung der

Inuit gestellt. Selbst wenn man unterstellt, dass die politischen Eliten Kanadas dieser Landübertragung gigantischen Ausmaßes nicht gänzlich selbstlos zustimmten, bewohnen die Inuit doch als kanadische Staatsbürger die arktischen Gebiete, wird man aber anerkennen müssen, dass die Rückgabe von Land an die Ureinwohner wohl eher eine historische Ausnahme bildet.

Trotz der politischen Fortschritte und der Rückgewinnung kultureller Eigenständigkeit ist das moderne Leben der Inuit auch heute noch von Entbehrung und extremer sozialer Ungleichheit geprägt. Während die Lebenshaltungskosten, sämtliche moderne Begehrlichkeiten müssen eingeflogen werden, extrem hoch sind, liegt das Durchschnittseinkommen bei etwa 50 Prozent Gesamt-Kanadas. War noch bis in die 1970er Jahre die Robbenjagd Haupteinnahmequelle, so ist es heute mit stark ansteigender Tendenz der Abbau natürlicher Ressourcen. Eine weitere bedeutende Verdienstmöglichkeit ergibt sich aus dem Handel mit Kunst- und Kulturgütern der Inuit, die nicht nur in Kanada sehr begehrt sind. Was den Inuit noch immer fehlt, so auch Sir John Ralston Saul, einer der führenden Intellektuellen Kanadas, sind Kultur- und Bildungseinrichtungen in ihrem angestammten Lebensraum. Zwar verbleiben nahezu 90 Prozent der Inuit in Nunavut, doch müssen sie wenigstens vorübergehend in den Süden ziehen, um Abschlüsse höherer Bildung zu erwerben. Noch immer wird der Norden weitgehend aus der kolonialen Perspektive des Südens betrachtet. Um den Norden für Kanada zu gewinnen, so jedoch eine mittlerweile weit verbreitete Einsicht, muss Kanada zunächst die Inuit gewinnen lassen.

Der Norden ist allerdings nicht nur Lebenswelt der Inuit, sondern auch einer kleinen Zahl von Großstadtmüden und Abenteurern, die sich zwar nicht gleich in der Arktis, doch aber in den nördlichen Landesteilen der Provinzen niederlassen. Kürzlich entschieden sich gute Freunde von uns, den gewohnten urbanen Lebensstil in Toronto gegen ein Leben in der nördlichen *wilderness* einzutauschen, und zogen mit ihren zwei Kindern in ein verschneites Fünftausend-Seelen-Nest südlich der Hudson Bay. Zugegeben, vom nördlichen Ontario bis zur Arktis ist es noch eine gehörige Entfernung, doch sind die Lebensbedingungen durchaus vergleichbar: klirrende Kälte bei Temperaturen bis minus 40° Celsius, in schöner Regelmäßigkeit sich über die Landschaft ergehende Schneestürme, dramatische jahreszeitliche Temperaturunterschiede, schwierige infrastrukturelle Bedingungen und eine landschaftliche Weite, die an weniger guten Tagen durchaus als trostlos empfunden werden kann. Hinzu kommt, dass die Städte des Nordens im Normalfall nicht gerade als Perlen zu bezeichnen sind: hastig am Reißbrett entworfene Außenposten der westlichen Zivilisation, geprägt von austauschbaren Zweckbauten und zumeist einem schnurgerade durch den Ort führenden Highway. Was unsere Freunde jenseits des Großstadtfrustes und der Anziehungskraft eines überwältigenden Naturraums bewog, in den *Near North* zu ziehen, waren auch die Lockungen des Geldes. Denn so wie die Bundesregierung Nunavut subventioniert, bieten die Provinzen besondere Anreize für einen Umzug in den Norden. Während die Lebenshaltungskosten hier noch annähernd so hoch sind wie im Süden, werden Gehälter im öffentlichen Dienst wie in der Privatwirtschaft mit sogenannten Buschgeldzahlungen aufgestockt. Unsere Freunde werden nach ein paar Jahren in die Großstadt zurückkehren. So lange leben sie in der fremden und faszinierenden Welt der *All Terrain Vehicles* und Snowmobile, der Nordlichter und Bären, umgeben von Wäldern, Seen und Reservaten der First Nations – eine Welt, deren letztlich doch dramatischer Bevölkerungsrückgang wohl auch durch die staatlichen Transferzahlungen nicht aufgehalten werden kann.

Der Norden ist allerdings auch ein Raum der kulturellen Bedeutung und der Zuschreibung, der stets in Beziehung mit dem kanadischen Süden gedacht werden muss. Seit etwa einem Jahrhundert werden kanadische Künstler angezogen vom Norden. Tom Thomson, die von ihm beeinflusste *Group of Seven* – ein Kreis kanadischer Landschaftsmaler – und Emily Carr waren im frühen 20. Jahrhundert die Ersten, die sich auf der Suche nach einem kanadischen Stil in der Malerei nordwärts begaben. In ihren Gemälden, heute fester Bestandteil des kanadischen Kulturkanons und in zahlreichen Museen vertreten, griffen sie Themen, Motive und Farben der kanadischen Wildnis auf, die sie als einen mystischen Raum romantisierten. Der kanadische Blick auf den Norden wandelte sich mit der *Group of Seven*, die eine ganze Generation von Malern und Schriftstellern beeinflusst hat, grundlegend. Der Norden wurde von nun an nicht mehr als das Fremde und Feindliche, sondern als Teil der Nation verstanden und vereinnahmt. So faszinierend die farbenprächtigen Bilder der *Group of Seven* auch sind, Kritiker werfen ihnen wohl nicht zu Unrecht vor, sich die Region ausschließlich als unberührten Naturraum gedacht und damit die Existenz der Ureinwohner ignoriert zu haben. Es gibt eigentlich keinen großen Namen in der kanadischen Kultur, der sich nicht mit dem Norden und der Nordizität der Kanadier auseinandergesetzt hat, die Reihe reicht von bildenden Künstlern wie Thomson über Glenn Gould (in ganz fantastischen Radiodokumentationen für die CBC) bis zu Margaret Atwood, die in ihrem Essayband *Strange Things* dessen vielfältige Bedeutungen in der kanadischen Literatur diskutiert. Auch hat der Norden schon längst Einzug in die populäre Alltagskultur der Kanadier gefunden. Insbesondere die Werbebranche macht fleißig Gebrauch von solchen Bildern und Stereotypen, die kanadische Lebensart und *Canadianness* repräsentieren sollen. Auch ist der Norden für jedermann erfahrbar gemacht worden, zunächst vermittelt durch zahllose ethnografische Beschreibungen und Naturdokumentationen in Literatur, Fotografie und Film, dann durch direkte Begegnung bei Expeditionen und Kreuzfahrten, die in jedem Reisebüro gebucht werden können. Schließlich wurden auch noch Symbole des Nordens vom kanadischen Mainstream vereinnahmt, allem voran die steinerne Landmarke *inuksuk* oder die Eisbären. Was in den öffentlichen Repräsentationen des Nordens jedoch noch immer weitgehend fehlt, ist die Stimme der nordischen Bevölkerung; und dies nicht, weil sie nicht existierte, sondern weil sie in den Vorstellungen der Betrachter nur eine untergeordnete Rolle spielt.

Ihr liebster Feind – Kanadier und der Nachbar im Süden

Während sich Kanada im Norden endlos dahinzieht und schließlich im ewigen Eis verliert, verfügt der Süden Kanadas über eine rasche und klare Begrenzung. Die Staatsgrenze zu den USA, dem einzigen unmittelbaren Nachbarn zu Lande, ist mit

8891 Kilometern die längste internationale Grenze zwischen zwei Staaten weltweit. In den Büchern wird stets betont, dass diese Grenze nicht militarisiert sei, was wohl auch stimmt, aber nicht immer so anmutet. Als ich mit der frischen Erfahrung fallender Schlagbäume und Mauern in Europa erstmals die Grenze nach Kanada von den USA aus überqueren wollte, erschien mir die Peace Bridge zwischen Buffalo und Ft. Erie wie eine hochgerüstete Barriere zur Verhinderung von Grenzüberquerungen – allerdings hatte ich bis dahin die amerikanisch-mexikanischen Grenzanlagen noch nicht gesehen. An der Grenze ging es auf amerikanischer Seite uniformiert, laut und herrisch zu, unliebsame und aus irgendwelchen Gründen verdächtige Personen wurden schikaniert, zuweilen stundenlang festgehalten. Man sollte also gut vorbereitet, das heißt vor allem mit einem gültigen Visum, gutem Leumund und viel Geduld ausgestattet, den Grenzübertritt auf dem Landweg angehen. Gleichwohl passieren jedes Jahr weit über sechs Millionen Autos und Lastwagen die Grenzbrücke, hinzuzurechnen sind noch Fußgänger, Radfahrer und Zugreisende. Als ich damals die amerikanischen Grenzschikanen überstanden hatte und mich auf kanadischem Gebiet befand, löste sich die Anspannung: Freundliche Gesichter, eine unkomplizierte, betont zivile Überprüfung und die geradezu herzlich vorgetragenen besten Wünsche für den Aufenthalt in Kanada kontrastierten die zuvor gemachten Erfahrungen. Amerikanischen Besuchern Kanadas mag der Grenzübertritt, sofern er nicht einer alltäglichen Berufsroutine entspringt, ebenfalls eine Strapaze sein. Haben sie den Hürdenlauf durch die Zweisprachigkeit und die gelegentlichen Kontrollen nach mitgeführten Waffen überstanden, empfängt sie irgendwo bestimmt das Konterfei der Queen, zumindest aber der *Queen Elizabeth Highway* in Richtung Toronto, und sie müssen sich auf den Autobahnen auf das metrische System umstellen. Das mögen alberne Klischees sein, und doch haben sie einen realen Kern. Im Hafen von Toronto, wo früher die Fähren aus Rochester im US-Bundesstaat New York anlegten, hängen noch heute Schilder, die amerikanische Besucher auf die kanadischen Waffengesetze hinweisen. Eine kanadische Studienfreundin, die zur Finanzierung ihres Studiums als Teilzeitzöllnerin arbeitete, erzählte mir, dass sich die Zollbehörden einen Spaß daraus mach-

ten, Waffen von nach Augenschein gezielt ausgewählten amerikanischen Besuchern zeitweilig zu konfiszieren. Und auch die
lokalen Polizeiberichte zeugen davon, dass es noch immer Amerikaner gibt, die auf den kanadischen Autobahnen nicht gewillt
sind, von Kilometern in Meilen umzurechnen.

Als Kanada im Laufe der 1970er Jahre die Maßeinheiten vom
imperialen auf das metrische System umstellte, geschah dies
gleichermaßen in Abgrenzung zur britischen Kolonialtradition
wie zur amerikanischen Wirtschaftsdominanz. Die Einführung
»exakter Maße« machte einen kleinen Teilbereich »vernünfti-
gen Regierens« unter Trudeau aus. Und doch waren nicht alle
Kanadier gewillt, dieser kleinen Revolution zu folgen. In einigen Bereichen, vor allem im internationalen Handel, wurde erst
gar nicht der Versuch gemacht, die amerikanische Dominanz
mittels abweichender Maßeinheiten in Frage zu stellen. Im Privaten halten es die Kanadier pragmatisch und bunt gemischt,
so dass nicht nur amerikanische Kanada-Besucher genau hin-
schauen müssen, ob sie es nun mit *miles* oder *kilometres, gal-
lons* oder *litres*, Fahrenheit oder Celsius zu tun haben. Natürlich ist es alles andere als Zufall, dass das metrische System
auch im Alltag am konsequentesten in Quebec verwendet wird.

Die Tücken des kleinen Grenzverkehrs zwischen Kanada und
den USA repräsentieren die Beziehungen der beiden Staaten
und Gesellschaften schon ganz anschaulich. Beide Länder sind
politisch, wirtschaftlich und kulturell ineinander verwoben und
in einer für beide Seiten bedeutenden strategischen Partnerschaft wechselseitig eng aneinander gebunden. Doch ist die
Freundschaft auch von Vorurteilen, Sticheleien und nicht immer miteinander zu vereinbarenden Eigeninteressen überschattet, die gelegentlich auch zu politischen Irritationen führen. Es
ist die Gleichzeitigkeit von Nähe und extremem Ungleichge-
wicht, weshalb die Kanadier immer wieder die feinen Unterschiede betonen. Die kanadische Perspektive ist ausdrucksstark
in einem Bonmot von Pierre Trudeau zusammengefasst: »Euer
Nachbar zu sein, ist wie mit einem Elefanten in einem Bett zu
schlafen; ganz gleich wie freundlich und wohlgesinnt das Tier
auch sein mag, man wird durch jedes Zucken und Grunzen
beeinflusst.« Was Trudeau damit auch ausdrückte, war die weit
verbreitete kanadische Furcht vor einer vollständigen Überwäl-

tigung des Landes durch den ungleich größeren und mächtigeren Partner im Süden. Die kanadisch-amerikanische Handelspartnerschaft ist die größte weltweit. Während Kanada etwa 20 Prozent des internationalen Handelsvolumens der USA abdeckt, sind es umgekehrt nahezu 80 Prozent. Traditionell versorgt Kanada die amerikanische Wirtschaft mit Rohstoffen und besonders die Automobilindustrie mit Industriegütern, außerdem ist Kanada der bedeutendste Energielieferant der USA. Doch ohne massive Investitionen amerikanischer Unternehmen in Kanada und, damit verbunden, von kanadischen Linken wie Nationalisten beklagte amerikanische Besitzdominanz wäre der Abbau der Naturressourcen in gegenwärtigem Umfang für Kanada gar nicht zu stemmen. Seitdem Kanada und die USA gemeinsam mit Mexiko die Nordamerikanische Freihandelszone (NAFTA) bilden, sind die beiden Ökonomien stärker integriert als je zuvor. Wenn der Elefant hustet, so möchte man mit Trudeau meinen, bekommt der nördliche Partner Grippe. Doch hat Kanada aufgrund seines fiskalischen Konservatismus, der strengen Regulierung des Bankensektors und der vergleichsweise soliden Immobilienfinanzierung die Finanz- und Schuldenkrise infolge des Zusammenbruchs der Investmentbank Lehman Brothers relativ gut überstanden. Auch wenn einige spektakuläre Übernahmen kanadischer Unternehmen, so wie der Kauf der Hudson's Bay Company durch einen amerikanischen Investor oder die ungleiche Partnerschaft zwischen der Molson Brewery, der ältesten Brauerei Nordamerikas, und dem amerikanischen Coors-Konzern, für zumeist kurzfristige öffentliche Erregung sorgen, sieht die große Mehrheit der Kanadier kaum Alternativen zur engen wirtschaftlichen Verflechtung mit den USA, selbst wenn diese in einigen ökonomischen Sektoren zu tendenzieller Abhängigkeit führt.

Auch politisch sind Kanada und die USA spätestens seit dem Zweiten Weltkrieg, als erstmals eine gemeinsame nordamerikanische Verteidigungsstrategie entwickelt wurde, eng miteinander verwoben, was allerdings nicht heißt, dass man immer freundschaftlich miteinander umgeht. Schon John Diefenbaker, Kanadas *Red Tory* und Premierminister zwischen 1957 und 1963, hegte nicht nur erhebliche Ressentiments gegenüber John F. Kennedy, sondern äußerte sich auch offen antiamerikanisch.

Pierre Trudeau stand ihm weder in seiner Antipathie gegenüber Richard Nixon noch in seiner amerikakritischen Haltung nach. Das letzte ungleiche Paar in dieser Reihe bildeten wohl Jean Chrétien und George W. Bush, die sich spätestens in der Irak-Krise 2002 heillos zerstritten, und echte Freunde werden wohl auch Barack Obama und Stephen Harper nicht mehr werden. Bilaterale Spannungen entstanden immer dann, wenn kanadische politische Entscheidungen der amerikanischen Weltmachtpolitik zuwiderliefen, so wie in der Frage der Atomrüstung unter Diefenbaker, der Aufrechterhaltung vergleichsweise guter Beziehungen zu sozialistischen Staaten unter Trudeau oder eben bei Chrétiens vehementer Weigerung, die von den USA geführte Invasion in den Irak zu unterstützen. Gleichwohl führte der erste Staatsbesuch von Präsident Barack Obama nach seiner Wahl 2009 in Anerkennung der Bedeutung der zwischenstaatlichen Beziehungen nach Ottawa. Doch entbrannte erst kürzlich die jüngste Kontroverse über die amerikanische Zurückhaltung beim Bau der Keystone XL Pipeline, die das Ölsandgebiet in Alberta mit verschiedenen amerikanischen Regionen effektiver verbinden würde und daher für die kanadische Ölindustrie von höchster Bedeutung ist. So wandeln sich die Zeiten: In diesem Falle brachten die USA u. a. ökologische Bedenken gegen das Projekt vor, während die kanadische Seite rein ökonomisch argumentiert. Zwar sind die Zeiten offener politischer Abneigung vorbei, die Zusammenarbeit auf der Ebene des politischen Alltags verläuft routiniert, doch fällt es dem amerikanischen politischen Establishment zeitweilig noch immer schwer, Kanada als einen eigenständigen, manchmal auch widerborstigen Nachbarn zu ertragen. Die Kanadier, derzeit vornehmlich im linken politischen Spektrum, können noch immer nicht der Versuchung widerstehen, innenpolitisch mit Antiamerikanismus zu punkten.

Kulturell eint beide Staaten zunächst einmal die gemeinsame britische Vergangenheit und, den Sonderfall Quebec einmal ausgenommen, allem voran die englische Sprache. Wenngleich die Reaktionsweisen darauf nicht unterschiedlicher hätten sein können, hat die britische Herrschaft in beiden Ländern signifikante Spuren hinterlassen, die bis heute nachwirken. Zudem hat es eigentlich immer bedeutende Bevölkerungswanderungen zwischen beiden Staaten gegeben, von den amerikanischen Loyalisten im 18. Jahrhundert bis zu den *draft dodgers* im 20. Jahrhundert, amerikanischen Wehrdienstverweigerern, von denen während des Vietnamkrieges etwa 30 000 nach Kanada zogen, oder – in die andere Richtung – Scharen von kanadischen *Expats* in den USA, die als Arbeitsmigranten temporär oder auf Dauer sich im Süden niedergelassen haben. Nach Schätzungen leben etwa 700 000 US-Amerikaner in Kanada und 900 000 Kanadier in den USA. Hinzu kommen noch Millionen von Pendlern, Tagesreisenden und Touristen, sind beide Länder doch die am häufigsten frequentierten Besucherdestination des jeweils anderen. Der Grad an Gemeinsamkeit ist beeindruckend und auch durch kleinere Differenzen kaum nachhaltig zu minimieren, und doch scheint die Nachbarschaft zum übermächtigen Elefanten die Kanadier in ihrer Mehrzahl geradezu reflexartig die kulturellen Unterschiede betonen zu lassen. US-amerikanische Staatsbürger werden immer als *Americans* bezeichnet, während Kanadier sich ausschließlich als *Canadians* sehen. Kaum ein Gespräch mit unseren kanadischen Freunden, ohne dass über die »Yanks« hergezogen werden würde: Die Existenz der Todesstrafe in zahlreichen amerikanischen Staaten, die extreme soziale Ungleichheit, das Gesundheitssystem, der amerikanische Imperialismus oder die amerikanische Ignoranz (vor allem gegenüber dem nördlichen Nachbarn) und Ungebildetheit sind die Themenfelder, an deren Beispiel kanadische Andersartigkeit festgemacht und dann kulturell überhöht wird. Der bekannte kanadische Satiriker Rick Mercer machte sich Anfang des Jahrtausends in seiner Show »Talking to Americans« einen Spaß daraus, einem kanadischen Millionenpublikum die Unwissenheit der US-Amerikaner zu demonstrieren. Opfer waren hochrangige Politiker, bekannte Universitätsprofessoren oder einfache Menschen von der Straße, die ihre Meinung zu erfundenen, zumeist völlig absurden Nachrichten aus Kanada äußern sollten. Zu den Höhepunkten der wirklich sehr lustigen Sendung zählte ein positives Statement des damaligen Gouverneurs von Iowa zur Nachricht, dass Kanada Videorekorder legalisiert und endlich den 24-Stunden-Tag eingeführt habe. Mike Huckabee, Gouverneur von Arkansas und 2008 immerhin (gescheiterter) republikanischer Anwärter auf das

Präsidentenamt, fand die Nachricht prima, dass Kanada nun beschlossen habe, seinen *national igloo* (eine Art Weißes Haus aus Eis) zu überdachen, um ihn vor der Erderwärmung zu schützen. Ein gern zitierter Ausspruch des in Kanada geborenen amerikanischen Historikers John Bartlet Brebner drückt die entgegengesetzten Wahrnehmungsweisen von Amerikanern und Kanadiern gut aus: »Amerikaner sind wohlwollend ignorant gegenüber Kanada, während Kanadier böswillig gut informiert über die Vereinigten Staaten sind.« Während in der kanadischen Wahrnehmung der USA Bewunderung und Distanzierung oder gar Abneigung untrennbar miteinander verbunden sind, sieht der durchschnittliche US-Amerikaner Kanada wohl etwas hinterwäldlerisch, aber dennoch uneingeschränkt positiv. Aktuelle Meinungsumfragen spiegeln diese Einschätzungen eindrucksvoll wider: 96 Prozent der US-Amerikaner haben eine positive Meinung von Kanada, hingegen schätzen immerhin 25 Prozent der Kanadier (während der zweiten Amtszeit von George Bush gar 50 Prozent) die USA negativ ein.

Als Faustregel kann gelten, je weiter westlich (mit der Ausnahme British Columbia), desto amerikafreundlicher und vielleicht auch amerikanischer wird Kanada. Die Prairie-Provinzen, allen voran Alberta, profitieren am meisten von den Handelsbeziehungen, und auch der Lebensstil – man denke an die *Calgary Stampede* und die damit verbundene Cowboy-Kultur – orientiert sich stärker nach dem amerikanischen Süden als dem kanadischen Osten. Erstaunlicherweise galt auch die Provinz Quebec lange Zeit als tendenziell amerikafreundlicher als der englischsprachige Osten des Landes. Die Verhandlungen über die Freihandelszone NAFTA wurden etwa in Quebec weitaus weniger kritisch als im Rest des Landes begleitet, denn für die *Québécois* garantierte eine starke Präsenz der USA von jeher das innerkanadische Gleichgewicht zwischen Briten und Franzosen. Auch sollte man nicht vergessen, dass zwischen 1840 und 1930 nahezu eine Million Frankophone in die Vereinigten Staaten emigrierten. Schließlich waren die Beziehungen zwischen den USA und Frankreich, den beiden modernen Urdemokratien, historisch immer besonders gut und Frankreich stellt bis heute noch immer einen zentralen kulturellen Orientierungspunkt für die Quebecer dar. Allerdings kippte die Stimmung in Quebec anlässlich des zweiten Irak-Krieges unter Präsident Bush noch radikaler als im restlichen Kanada, so dass heute die dortige Perspektive auf die USA nicht mehr gravierend anders ist.

Doch wie erklärt man das kanadische Amerika-Syndrom? Eine mögliche Ursache liegt in der weitgehenden kulturellen Amerikanisierung der kanadischen Gesellschaft (Quebec inklusive) begründet. Amerikanische Medien, allen voran natürlich die Fernsehstationen, dominieren den kanadischen Markt und geben Inhalte, Ton und Stil vor; wie in der gesamten westlichen Welt ist die Popkultur amerikanisch inspiriert; und auf der Ebene des Konsums und der Unterhaltung sind es die amerikanischen Marktriesen, die auch in Kanada besonders reüssieren. Und doch gibt es Grenzen der Amerikanisierung. Noch immer ist in Kanada ein Premierminister, der nicht gleichermaßen Englisch und Französisch spricht, völlig undenkbar; die Präsenz von gleich zwei sozialdemokratisch orientierten Parteien gilt weiterhin als etwas Selbstverständliches; und jeder Kanadier, vor die Wahl gestellt, würde seine *doughnuts* bei *Tim Hortons* und nicht bei *Dunkin' Donuts* kaufen. Hinzu kommen einige gesetzgeberische Maßnahmen, als Konzessionen bei der Aushandlung des Freihandelsvertrages von den USA zugestanden, die insbesondere in den Medien kanadische Inhalte sicherstellen sollen. Die »Amerikanisierung« Kanadas und die kanadische Reaktion darauf verläuft nach den bekannten Mustern wie nahezu überall auf der Welt, doch wird sie gern beschworen, um hausgemachte Probleme und Fehlentwicklungen, wie zuletzt in der Debatte über die Liberalisierung des Waffengesetzes, zu exterritorialisieren.

Schwerwiegender scheint mir die nun nahezu 150 Jahre andauernde Suche nach einer nationalen kanadischen Identität die kanadische Sichtweise auf die USA zu bestimmen. Keine Geringere als Margaret Atwood bemerkte einmal, wenn die nationale Geistesstörung der USA der Größenwahn sei, dann sei die Kanadas die paranoide Schizophrenie. Nicht nur würden die Kanadier fortwährend ihr doppeltes Selbst bespiegeln, sondern in einer sehr einseitigen Weise die Grenze zu den USA als Spiegel ihrer nationalen Identität ansehen. Ein weiterer kanadischer Historiker, Jack Granatstein, sieht im kanadischen Antiamerikanismus ebenfalls ein sich durch zwei Jahrhunderte ziehendes Projekt der Identitätsstiftung. Erst in der Abgrenzung zu den USA habe Kanada sich als Nation mit eigener Identität finden können. Erst über die ständigen Vergleiche mit den USA und die Abgrenzungen von ihnen wüssten die Kanadier demnach zumindest, was sie nicht sein wollen oder sein können. Das Projekt der multikulturellen Gesellschaft, so vor allem konservative Kritiker, habe diesen Effekt nur noch verstärkt, weil *diversity* alleine noch keine nationale Zusammengehörigkeit garantiert. Die meisten Kanadier hingegen werden etwas pragmatischer über das Phänomen nachdenken, zumal wir heute vorwiegend die harmlos-humorvoll vorgetragenen Restbestände antiamerikanischer Ressentiments erleben, die allerdings in politisch rauheren Zeiten immer wieder auch politisch aktiviert werden können.

Die gezügelte Gesellschaft

»Toronto the Good« war lange Zeit der Spitzname der mit Abstand größten kanadischen Stadt, der auf niedrige Kriminalitätsraten, Sauberkeit, Solidität, nicht zuletzt aber auf Langeweile verwies. Selbstkritisch-ironische Kanadier sehen sich selbst gern als mediokre Sicherheitsfanatiker, denen im Unterschied zu anderen Regionen und Nationen dieser Welt die Fähigkeit zur Ausschweifung und auch der moralischen Grenzüberschreitung abgeht. Noch vor 25 Jahren war die Stadt, gemessen an ihrer Größe, weitgehend eine kulturelle Wüste, war es am Abend nach zehn Uhr schwierig, einen geeigneten Ort zum geselligen Miteinander zu finden. Wer etwas erleben wollte, ging nach Montreal. Wer sich in der Hauptstadt Ottawa aufhalten musste, überquerte am Abend den Ottawa River, um sich in Hull / Gatineau zu amüsieren – denn beide damals noch eigenständigen Städte, heute ist die gesamte Gegend zur *National Capital Region* vereint, liegen im damals lebensfreudigeren Quebec.

Das zwiespältige Verhältnis des britischen Kanada – von den Prairie-Provinzen, wo bis heute noch harmlose Filme aus moralischen Gründen den Kinos ferngehalten werden können, wollen wir einmal schweigen – zu weltlichen Genüssen hat sich weitgehend normalisiert. Toronto ist mittlerweile eine Hochburg abendlichen Entertainments und offeriert ein vibrierendes Nachtleben; selbst Ottawa lockt Gäste inzwischen mit mehr als nur Parlamentariern, Bürokraten und Diplomaten. Und doch lassen sich noch heute puritanische Elemente in der kanadischen Alltagskultur feststellen, die insbesondere in Verbindung mit der staatlichen Regulierungswut den europäischen Besucher irritieren, ihm zumindest merkwürdig vorkommen müssen.

Wer in den meisten kanadischen Provinzen privat ein alkoholisches Getränk zu sich nehmen möchte, wird sich zunächst auf die Suche nach einer Verkaufsstätte machen müssen, da der Verkauf von Alkohol streng lizenziert ist. Wie andere Länder im angloamerikanischen Raum wurde auch Kanada gegen Ende des 19. Jahrhunderts von einer starken Abstinenzbewegung erfasst, die darauf zielte, den Alkoholkonsum vollständig zu stoppen, zumindest aber die kanadischen Behörden dazu zu bewegen, den Verkauf von Alkohol zu regulieren. Da der Bundesstaat in dieser Frage keine Handhabe hatte und die von den *abolitionists* durchgesetzte Prohibition scheiterte, führten die Provinzen in den 1920er Jahren mehrheitlich ein staatliches oder zumindest staatlich kontrolliertes Lizenzierungs- und Distributionsverfahren alkoholischer Getränke ein. So entstanden beispielsweise in Ontario 1927 die sogenannten *beer stores* und *liquor stores*, Letztere verkaufen auch Wein und Spirituosen. Zwar ist die Spannbreite der angebotenen Getränke, insbesondere der Biere aus aller Welt, atemberaubend, doch versprühen die *beer stores* trotz einiger Aufhübschungen in letzter Zeit den Charme eines Peep-Show-Kabinetts der 1980er Jahre. Dem Kunden wird ganz bewusst der Eindruck vermittelt, sich an einem verbotenen und »schmutzigen« Ort aufzuhalten. Restaurants, die zu ihren Speisen alkoholische Getränke anbieten möchten, Hotels, die Minibars in ihren Zimmern einzurichten gedenken, selbst Privatleute, die beispielsweise ihre Hochzeit im öffentlichen Raum mit einem Glas Sekt begießen wollen, alle sind einem strengen Lizenzierungsverfahren unterworfen. In vielen Restaurants in Ontario ist in den Schaufenstern oder auf den Werbeschildern das ominöse Kürzel *LLBO* zu sehen. Bis 1998 war der *Liquor Licensing Board of Ontario* für die

Lizenzierung zuständig, und der Schriftzug verrät: Hier darf Alkohol (legal) ausgeschenkt und konsumiert werden!

Selbst kleinere informelle Anlässe müssen mit einer zeitlich (auf die Minute!) begrenzten *liquor license* versehen werden, wenn sie in einem der Öffentlichkeit zugänglichen Raum abgehalten werden. Als ich beruflich einmal zu einem Empfang unter freiem Himmel eingeladen war, mussten die Gastgeber mit rot-weißem Absperrband den Raum markieren, in dem Alkohol konsumiert werden dufte. Selbstredend gibt es auch für die Größe dieses Raumes proportional zur Zahl der Teilnehmer eindeutige Vorschriften. Dass der in Europa so übliche Konsum von Alkohol in der Öffentlichkeit strengstens verboten ist und in Flaschen abgefüllte Alkoholika in einer *brown bag* versteckt werden müssen, scheint hier fast noch die geringfügigste Schikane zu sein.

Es gab schon einige gesellschaftliche und politische Vorstöße, die aufwendigen Lizenzierungsverfahren zu liberalisieren und vor allem die kleinen Lokal- und Barbesitzer zu entlasten. Dies auch, da Kanada eigentlich als eine *beer-drinking nation* gilt und der Weinbau in den letzten 20 Jahren zum Teil spektakuläre Erfolge vorweisen konnte. Doch bislang und auf absehbare Zeit bleiben solche Bemühungen vergeblich, denn die moralisierenden Beschränkungen sind nur ein Aspekt der staatlichen Regulierung, der andere, mittlerweile wohl noch bedeutendere ist, dass damit sehr viel Geld in die öffentlichen Kassen gespült wird. Der *Liquor Control Board of Ontario* allein setzte 2010 mit dem Verkauf von Alkohol mehr als vier Milliarden Dollar um.

Sozial nahezu gänzlich verpönt ist das Rauchen, wenngleich der Anteil der Raucher in Kanada nur um einige Prozentpunkte unter dem in Deutschland liegt. Nicht nur sind Zigaretten sündhaft teuer, ist ihr Konsum an allen erdenklichen Plätzen, in öffentlichen geschlossenen Räumen sowieso, verboten, auch dürfen sie in Ontario und einigen anderen Provinzen nicht offen verkauft werden. In den *corner stores* stehen sie zumeist im Kassenbereich in einem mit einem Vorhang verdeckten Regal. Eine weitere Regelung untersagt das Rauchen auf kommunalen öffentlichen Plätzen wie Parks, Spielplätzen, Stränden, aber auch Obst- und Gemüsemärkten unter freiem Himmel. Auch ist, von Provinz zu Provinz unterschiedlich, die genaue Distanz festgeschrieben, in der man vor einem öffentlichen Gebäude rauchen darf – eine Regelung, die dem Autor in Vancouver zum Verhängnis wurde, weil nach einer Sonderregelung der Stadt der Abstand zum Gebäude sechs Meter betragen muss, was in diesem Fall bei genauer Messung auf den Mittelstreifen der Straße verwies. Der (gelegentliche) Konsum von Cannabis hingegen ist, wenngleich illegal, weit verbreitet, auch weil die Behörden im Normalfall den Privatkonsum nicht verfolgen. Laut einer UN-Studie belegt Kanada im Cannabis-Konsum den ersten Platz unter den Ländern der westlich-industriellen Welt. Aufgrund der liberalen Drogenpolitik gilt British Columbia als *weed country*, wo Privatleute Cannabisplantagen von erstaunlicher Größenordnung anlegen. Es gehört fast schon zum Ritual eines abendlichen *get-together* ganz gleich welcher Altersstufen, einen Joint kreisen zu lassen, und man erntet durchaus verwunderte Blicke, wenn man das freundliche Angebot ausschlägt. Auch gehört Kanada zu den wenigen Ländern weltweit, die den Konsum von Cannabis aus medizinischen Gründen legalisiert haben. Nationale Berühmtheit erlangte ein Philosophieprofessor der University of Toronto, der aus medizinischen Gründen ein eigenes Raucherzimmer zugewiesen bekam. In einem Interview auf sein Büro angesprochen, erwiderte er: »Das ist nicht mein Büro, das ist mein Marihuana-Rauchzimmer.«

Ein großes gesellschaftliches Tabu ist Nacktheit. Unserer Tochter wurde von den Nachbarn der Spitzname *The Nudist* verliehen, weil die damals Dreijährige nackt im Garten spielte. Eine Bekannte von uns bekam es sogar mit den Ordnungskräften zu tun und musste 50 Dollar Strafe zahlen, als ihre ebenfalls dreijährige Tochter an einem öffentlichen Badestrand zum Abtrocknen für kurze Zeit unbekleidet dastand. Freunde erzählten mir, dass vor meiner Ankunft in Toronto einem Kläger Recht zugesprochen wurde, der seine Nachbarin anzeigte, weil er sie durchs Fenster nackt in ihrer Wohnung sehen konnte. Aus dem öffentlichen Leben ist Nacktheit und Sexualität weitgehend verbannt. Erst kürzlich musste das Canada Science and Technology Museum in Ottawa eine Ausstellung zur Sexualaufklärung von Jugendlichen ab zwölf Jahren, die zuvor unbeanstandet in Montreal gezeigt worden war, überarbeiten und das Eintrittsalter auf 16 Jahre heraufsetzen, weil aufgebrachte Bürger gegen zu explizite Darstellungen von Sexualität protestierten. Immer wieder kommt es vor, dass aufgrund von Verstößen gegen die puritanische Sexualmoral weitgehend harmlose Filme zensiert oder öffentliche Auftritte von Künstlern verboten werden. Der Rapper Eminem beispielsweise hat in Toronto wegen einiger, für dieses Genre allerdings typischer sexueller Anspielungen in seinen Texten Auftrittsverbot (in anderen kanadischen Städten hingegen nicht), und den Barenaked Ladies, einer mittlerweile auch international bekannten Kultband aus Toronto, wurde 1991 aufgrund ihres Bandnamens ein Auftritt bei einer großen öffentlichen Silvesterfeier untersagt.

Im Normalfall macht sich diese Art moralischer Rigidität, über die auch viele Kanadier den Kopf schütteln und die in anderen gesellschaftlichen Bereichen – wie zum Beispiel bei gleichgeschlechtlichen Beziehungen oder in der Abtreibungsfrage – nicht existent ist, im Alltag nur ausnahmsweise bemerkbar. Man lernt mit solchen Regelungen und Begrenzungen umzugehen, sie im Zweifelsfall auch zu umgehen. Erstaunlich hingegen ist, zumal im Unterschied zu den USA, in welchem Umfang der Regulierungsstaat zu seinem eigenen Vorteil traditionelle Moralvorstellungen sektoral erfolgreich zu bewahren weiß. Ob mit der konservativen Regierung Stephen Harpers tatsächlich ein puritanischer Rückfall erfolgt, wie manche Kritiker meinen, scheint mir jedoch eher zweifelhaft, da viele der oben genannten Beispiele nicht auf bestimmte parteipolitische Positionen reduzierbar sind, sondern auf historisch gewachsenen gesellschaftlichen Grundeinstellungen basieren.

Doch der gezügelte Umgang in der kanadischen Gesellschaft hat auch seine Vorzüge. Ein *running gag* über die Kanadier ist, dass sie sich selbst dann noch entschuldigen, wenn man ihnen absichtlich auf den Fuß tritt. Und in der Tat, in kaum einem anderen Land der Welt wird man so viele Entschuldigungen auf der Straße hören, wenn bei großem Menschengedränge die Gefahr droht, dass man ineinanderläuft. *Excuse me!* (oder *I'm sorry!*, denn auch hier changieren die Kanadier fröhlich zwischen britischen und amerikanischen Einflüssen), ist eine allgegenwärtige, oft ehrlich gemeinte Höflichkeitsfloskel. Als Selbstverständlichkeit gilt auch, sich für alles und jedes zu bedanken, zuallererst natürlich beim Bus- oder Straßenbahnfahrer im öffentlichen Nahverkehr. Die Organisatoren der Olympischen Winterspiele entwickelten gar ein *WorldHost*-Programm, mit dessen Hilfe die Kunst der Höflichkeit und Freundlichkeit an freiwillige Helfer aus aller Welt vermittelt und das nun zu Lernzwecken auch außerhalb Kanadas übernommen wurde. Zwar sollte man ähnlich wie in den USA auch in Kanada nicht mit Polizisten spaßen, deren Handschellen mitunter sehr locken sitzen, doch sind diese im normalen Umgang von einer geradezu liebenswerten Freundlichkeit und Hilfsbereitschaft. Die manchmal allzu penetrant vorgetragene Höflichkeit ist jedoch keine vorgetäuschte, sondern tief in der kanadischen Gesellschaft verankert. Sie basiert zum einen auf britischen aristokratischen Traditionen des guten Umgangs, reflektiert zum anderen aber auch die Erfahrungen eines Einwandererlandes, in dem das gesellschaftliche Gefüge durch solche Kulturtechniken intakt gehalten wird, die wechselseitigen Respekt und Akzeptanz verstärken. Manchen geht die Höflichkeit aber auch zu weit. *Polite to a fault*, zum eigenen Nachteil höflich, überschrieb der kanadische Journalist und Sachbuchautor Bruce Grierson einen Essay, in dem er der sprichwörtlichen kanadischen Höflichkeit kritisch nachspürte. Verpönt sind hingegen Unhöflichkeit, Grobheit und mangelnder Respekt, wobei schon hierzulande als harmlos geltende mehr oder minder bissige Kommentare einen ins soziale Abseits führen können. Sämtliche Statistiken deuten darauf hin, dass die kanadische Gesellschaft eine vergleichsweise gewaltarme ist. Erfahrungen im Alltag werden diesen Befund wie auch den quantitativ nicht nachweisbaren angenehmen zwischenmenschlichen Umgang rasch bestätigen. Dass Kanadier im Normalfall keine Revolutionäre sind, ergibt sich bereits aus der Geschichte des Landes. Die Aufrechterhaltung der öffentlichen Ordnung gilt im Unterschied zur privaten Ordnung als ein hohes Gut. Ärger wird gemeinhin mit der in der Tasche geballten Faust und weniger mit spektakulären öffentlichen Aktionen ausgedrückt. Das mag langweilig wirken, trägt aber zum insgesamt doch sehr viel entspannteren Zusammenleben als andernorts bei. Ein weiteres Beispiel für kanadische Disziplinertheit liefert das geduldige Warten, das in der wohl britischsten aller kanadischen Städte, in Victoria, der auf Vancouver Island gelegenen Hauptstadt British Columbias, noch als *queuing* bezeichnet wird. Ob an der Bushaltestelle, bei Behörden oder im Krankenhaus, Kanadier warten gewöhnlich geduldig und rücksichtsvoll, bis sie an der Reihe sind – und lange Wartezeiten sind in allen erdenklichen Situationen eigentlich immer einzukalkulieren.

Die meisten britischen Kanadier, denen ich bislang begegnet bin, wirkten bei einem ersten Treffen reserviert und abwartend. Überraschende Nähe oder gar der Austausch von körperlichen Sympathiebekundungen, wie sie im frankophonen Teil üblich sind, werden wenn möglich vermieden oder auf ein Minimum reduziert. Auch die in den USA üblichen enthusiastischen Begrüßungen und Einladungen gegenüber Wildfremden sind in Kanada undenkbar. Selbst wenn man einander lange Jahre gut nachbarschaftlich verbunden ist, kann es passieren, dass man jenseits dessen, was der allgemeine Smalltalk hergibt, nichts über das Privatleben des anderen weiß. Bis man als neuer Bekannter in ein Haus hineingelassen wird, kann es durchaus eine gewisse Zeit dauern, bevorzugt werden erste Treffen auf neutralem Boden. Noch länger dauert es, bis aus einer Bekanntschaft tatsächlich eine Freundschaft wird. Der durchschnittliche Kanadier hat sich eine gewisse Distanz nach außen hin bewahrt und beharrt auf der Integrität des Privaten. Auch deshalb findet man in seriösen kanadischen Medien ins Private vordringenden Enthüllungsjournalismus nur als dezente Ausnahme. Eine amerikanische Zeitung, die *Pittsburgh Post-Gazette*, entwarf (durchaus bewundernd) folgendes Bild von den geheimen Abgründen eines auf seine Privatsphäre bedachten kanadischen Nachbarn: »Nicht nur das Wetter ist *cooler* in Kanada: Man lebt Tür an Tür zu einem gepflegten und netten Kerl. Er würde niemals die Musik zu laut aufdrehen oder deftige Partys schmeißen. Er klatscht und tratscht nicht, lächelt nur höflich und bietet Tomaten aus dem Garten an. Sein Rasen ist gepflegt, sein Haus wie aus dem Ei gepellt und man hat sogar das Gefühl, dass er nicht immer die Haustüre abschließt. Er ist lässig gekleidet. Man merkt kaum, dass er da ist. Und dann eines Tages findet man heraus, dass er Marihuana im Keller anbaut, an Wochenenden an Friedensmärschen teilnimmt und dass der Typ, der seinen Rasen mäht, eigentlich sein Ehegatte ist. Erlauben Sie mir, Ihnen Kanada vorzustellen.« Trotz aller staatlichen Regulierung ist das Private in Kanada nahezu sakrosankt. Was hinter der Haustüre auf eigenem Grund und Boden geschieht, hat niemanden zu interessieren und kümmert auch kaum jemanden, solange es den gesetzlichen Rahmen nicht überschreitet. Die Hausbesitzerquote ist mit über 70 Prozent eine der höchsten weltweit. In unserem Viertel gehörten wir zu den wenigen Exoten, die zur Miete wohnten, und wurden selbst von unseren Freunden dafür gern belächelt. Im Lebensplan eines jeden Kanadiers ist der Hausbesitz fest verankert. Dies hat sicherlich auch etwas mit den zum Teil beträchtlich höheren Kosten für eine Mietwohnung zu tun, vor allem aber mit der befriedigenden Vorstellung, Herr im eigenen Haus sein und sich einigeln zu können. Im Unterschied zu den USA steht der Hausbesitz in Kanada bei im Schnitt wohl vergleichbaren Preisen auf soliden Grundlagen, was in erster Linie an der strengen staatlichen Regulierung des Kredit- und Immobilienwesens liegen mag. Zwar sind besonders in den Wachstumszonen der Großstädte die Immobilienpreise rasant gestiegen, was gerade jüngere Hausbesitzer, die *House Poor*, die zum falschen, weil zum späten Zeitpunkt ihre Immobilie eingekauft haben, in Bedrängnis gebracht hat, doch insgesamt ist ein mit den USA vergleichbarer Zusammenbruch des Immobilienmarktes nicht vorstellbar.

Dennoch wird man eine Erhöhung des Individualismus in Kanada höchstens im Westen und unter Libertinären finden. In Kanada glaubt man an den guten Staat, akzeptiert gern die öffentlichen Verteilungs- und Regulierungskompetenzen. Dies hat in erster Linie historische Ursachen. Nur zentrale staatliche Instanzen konnten das Land bei seiner Größe und seiner Lage zusammenführen, zusammenhalten und funktionabel machen. Zusätzlich wirkten noch die Rahmenbedingungen des englischen Herrschaftssystems mit seiner Betonung von *good governance* und paternalistischem Konservativismus. Der sozialdemokratische Intellektuelle Herschel Hardin bezeichnete Kanada als ein *public enterprise country*, wo die Mehrheit der Bevölkerung vom Staat geradezu erwartet, aktiv in Wirtschaft und Gesellschaft einzugreifen. Tatsächlich werden die historischen staatlichen Leistungen, bei aller Kritik im Einzelnen, die von der Bereitstellung einer Infrastruktur über das Sozialsystem bis hin zu der Steuerung der multikulturellen Gesellschaft reichen, weitgehend anerkannt. Doch existieren vor allem in Alberta traditionell starke Gegenströmungen, die sich politisch erst kürzlich in der Bildung der *Wildrose Alliance*, einer kanadischen Variante der amerikanischen *tea party*, ausdrückte.

Der *nanny state*, wie der kanadische Regulierungsstaat von Kritikern pejorativ genannt wird, ist auch im Privaten durch zahllose Vorschriften präsent und konterkariert ein wenig das oben gezeichnete Bild vom privaten Heim als Schutzhütte. Sicherheit, *safety*, in allen erdenklichen Varianten spielt im Alltag eine dominierende Rolle, und so manche absurde Regelung kann einfach nicht hinterfragt werden, weil sie die Welt eben noch sicherer zu machen scheint. Fangen wir im Haushalt an. Dass bei Holzkonstruktionen Feuermelder obligatorisch und von den Versicherungen vorgeschrieben sind, hat durchaus Sinn; dass aber ein Feuermelder in unmittelbarer Nähe zum Küchenherd installiert ist, weniger. So mussten wir erst lernen, auf welchen Alarm zu hören sich lohnt und welchen Alarm man von vornherein deaktivieren muss, um ungestört auch einmal auf hoher Flamme kochen zu können. Schüler dürfen, zumindest in Toronto, erst ab einem Alter von zwölf Jahren alleine zur Schule gehen. Selbst wenn man gerade einen Steinwurf vom Schulhaus entfernt wohnt, müssen die Kinder von einem Elternteil persönlich gebracht oder abgeholt werden. Und der gesamte öffentliche Raum, vom Park bis zum Schwimmbad, ist als Zone erhöhter Gefahr einer Flut an *safety regulations* unterworfen, was durch diverse strenge Hygiene- und Gesundheitsvorschriften ins gelegentlich Unerträgliche gesteigert wird. Manchmal kann die *Safety*-Hysterie allerdings auch zum echten Ärgernis werden und ins Gegenteil umschlagen. Als wir mit unseren Kindern einen der zahlreichen öffentlichen *wading pools*, etwa kniehohe Planschbecken, am Morgen besuchten, wurden wir Augenzeugen davon, wie der Pool zunächst gewässert, dann aber von einem Gasmaske tragenden Stadtangestellten mit einer stark chlorhaltigen blubbernden Flüssigkeit versetzt wurde. So mag man die immer beschworene Bakteriengefahr ausmerzen, ob dies der Gesundheit und Sicherheit der Badenden tatsächlich zuträglich ist, bleibt allerdings dahingestellt. Bisherigen, allerdings heftig umstrittenen, Höhepunkt absurder staatlicher Sicherheitsvorschriften bildet der Versuch, die allseits beliebten *yard sales*, private Garagenflohmärkte, zu regulieren. Erst kürzlich hat Health Canada, die nationale Gesundheitsbehörde, umfangreiche Bestimmungen erlassen, nach denen private Flohmarktverkäufer für Sicherheitsmängel an den von ihnen verkauften Produkten haftbar gemacht werden können, so dass Margret Wente, Kolumnistin des *Globe and Mail*, stöhnte: »Yard sale laws? We're being protected to death.«

Einen ganz anderen Kampf gegen behördliche Sicherheitsvorstellungen focht der deutschstämmige Biobauer Michael Schmidt gegen Gesundheitsregulierungen in Ontario aus. Nach fünfjähriger gerichtlicher Auseinandersetzung, an deren Ende gar ein sechswöchiger Hungerstreik stand, wurde Schmidt wegen des Verkaufs von Rohmilch und damit eines Verstoßes gegen das Lebensmittelgesetz verurteilt. Gerade im Gesundheitswesen sind die kanadischen Behörden fest vom Segen der modernen Medizin und Technik überzeugt, während alternative Methoden grundsätzlich suspekt sind. Weil uns das vorgeschriebene komplette Programm für Kinderimpfungen zu umfangreich war und wir einzelne Impfungen als unnötig ansahen, musste ich vor einem staatlich anerkannten *Justice of the Peace* eine rechtlich bindende Erklärung abgeben, die volle Verantwortung für unsere Entscheidung zu übernehmen.

Solche Beispiele zeigen, dass, wenn es um Sicherheit und Gesundheit geht, der kanadische Staat seiner Bevölkerung nur wenig zutraut und der Einzelne seine Rechte stark zurückschrauben muss. Doch nicht nur im privaten Alltag, auch im öffentlichen sozialen Leben ist der Staat wenigstens so präsent wie in Europa. Noch markanter ist der staatliche Einfluss auf das öffentliche Leben in Quebec, was vor allem daran liegen mag, dass es der Staat war, der die *Révolution tranquille* von oben in Gang gesetzt und die Provinz in die Moderne geleitet hat. Die Ausbalancierung der zunehmend vernehmlich artikulierten Interessen individueller Freiheit und der staatlichen Intervention und Protektion wird sicherlich eine der umkämpften Aufgaben sein, die Kanada in den kommenden Jahren noch weiter beschäftigen werden.

In the neighbourhood – ethnische Enklaven und kleine Gemeinschaften

Die *neighbourhood* ist die größte noch überschaubare Wohneinheit in kanadischen Städten, etwa vergleichbar mit dem deutschen Kiez. Sie besteht zumeist aus einigen wenigen Straßenzügen, zeichnet sich durch wohnliche und gewerbliche Mischnutzung aus und hat in den modernen Großstädten die bedeutende Funktion, die ins Unermessliche wachsenden Städte auf Menschenmaß zu halten. Die unbestrittene *City of Neighbourhoods* in Kanada, ja vielleicht sogar in Nordamerika, ist Toronto, wo der *Toronto Star* 239 *neighbourhoods* zählte. Doch auch andere Großstädte, wie vor allem Montreal, stehen hier kaum nach.

Der große Vorteil der *neighbourhood* ist, dass sie dem Einzelnen einen ersten vertrauten Zugang zur großen Stadt schafft und Gemeinschaft unter den Bewohnern stiftet. Als wir mit Familie nach Kanada einreisten, hatten wir ein Haus gemietet, dessen Besitzer in England lebten und daher die Schlüssel bei unseren künftigen Nachbarn hinterlegten. Da der Tag der Ankunft auf einen jener unseligen Tage fiel, an denen der transatlantische Luftraum wegen eines versuchten Terroranschlages gesperrt wurde, kamen wir erst im frühen Morgengrauen in unserem neuen Zuhause an. Nicht nur waren unsere Nachbarn wach geblieben, um uns persönlich willkommen zu heißen, sie hatten uns auch den Kühlschrank gefüllt und ein kleines Frühstück gerichtet. Wir waren in der *neighbourhood* bereits angekommen, bevor wir überhaupt von deren Existenz wussten.

Historisch sind die kanadischen *neighbourhoods* jenen Einwanderern zu verdanken, die neu im Land angekommen waren und aus schierer materieller Not und kultureller Unsicherheit zunächst unter sich bleiben wollten und mussten. Berühmte einstmals vorrangig ethnisch definierte Stadtviertel wie Cabbagetown (irisch), The Danforth (griechisch) oder Roncesvalles (polnisch) in Toronto, La Petite-Bourgogne (afrikanisch), St. Laurent (arabisch) oder Mile End (jüdisch) in Montreal dienten als Transmissionsriemen in die Neue Welt. Dort wurden aus der alten Heimat bekannte Strukturen und Güter zur Verfügung gestellt, Arbeitsmöglichkeiten vermittelt und gleichzeitig erste

Kontakte in die neue soziale und kulturelle Umgebung geknüpft. Was hierzulande abwertend als »Parallelgesellschaft« bezeichnet wird und schlimmste Befürchtungen hervorruft, war und ist im Einwanderungsland Kanada der Normalfall und wird als eine Art *rite de passage*, eine notwendige Übergangsstation im Prozess des Heimisch-Werdens verstanden.

Doch sind die *neighbourhoods* nur in Ausnahmefällen über längere Dauer stabile Einheiten, vielmehr Gegenstand ständiger sozialer und kultureller Veränderung. Mein Wohnviertel in Toronto galt bis in die 1950er Jahre hinein als »deutsches Viertel«, wo es mit Ausläufern bis in die 1970er Jahre ein deutsches Kino und sogar das unvermeidliche Hofbräuhaus gab, das allerdings von einer japanischen Wirtin bis zur Jahrtausendwende weitergeführt wurde. Geblieben, seit nunmehr 50 Jahren, ist davon nur der bereits erwähnte deutsche Krämerladen, da die deutschstämmigen Bewohner die Stadt in Richtung Vororte verließen. Stattdessen zogen nun vor allem Einwanderer aus Polen und in geringerem Umfang aus anderen Teilen Mittelosteuropas in die damals noch preisgünstige Gegend. Dass *Little Poland*, wie das Viertel auch genannt wird, noch immer in polnischer Hand ist, davon zeugen unter anderem eine Statue von Papst Johannes Paul II. (der das Viertel 1984 besuchte), polnische Kirchen, Schulen und Kultureinrichtungen sowie die Schilder an den Schaufenstern der Läden mit der Aufschrift: »Mówimy po polsku« (»Man spricht Polnisch«). Aber auch diese *neighbourhood* ist im Wandel begriffen. Es ziehen neue ethnische und soziale Gruppen ein und verstärken den multi-ethnischen Charakter, wie überhaupt die einstmals nach rein ethnischen Kriterien definierten *neighbourhoods* sich zunehmend sozial und nach der Wirtschaftskraft ihrer Bewohner schichten.

Das ländliche Pendant zur *neighbourhood* bildeten die *bloc settlements*, von den Regierungsbehörden gezielt eingerichtete ethnisch homogene Siedlungsgebiete, wie sie vor allem in Teilen der *Prairies* als deutsche, ukrainische oder polnische Distrikte existierten. Damit wollten die Ansiedlungsgesellschaften vor dem Ersten Weltkrieg vor allem mögliche ethnische Konflikte von vornherein ausschließen, aber auch den Siedlern die Möglichkeit geben, sich rascher in der neuen Heimat zurechtfinden und sich mit ihr identifizieren zu können. Es sind vor allem die

Ortsnamen und Reste überlieferter Kulturtraditionen, im südlichen Manitoba und Saskatchewan etwa, die an die einstmals ethnisch homogenen Siedlungen erinnern.

Die städtische *neighbourhood* ist der Ort, wo der durchschnittliche Kanadier seine Reserviertheit im persönlichen Umgang am ehesten fallen lässt. Städtische Öffentlichkeit im europäischen Sinne findet man hier, wo man sich kennt, einander vertraut und aushilft. Alljährlich wurde in einer *back alley* unseres Viertels ein kleines Fest für die *neighbourhood* abgehalten, die unmittelbaren Nachbarn laden einander zum Essen ein – weitgehend getrennt jedoch von Einladungen an woanders lebende Freunde – und man trifft sich zum Schwätzchen und Austausch der neuesten Klatschgeschichten auf der Straße. Die Kehrseite ist die *neighbourhood watch community*, wie sie manchmal auf Straßenschildern bedrohlich verkündet wird. Dann kann sich die Gemeinschaft in eine Hilfspolizeitruppe verwandeln, die erst einmal jeden Fremden als potenziellen Störenfried isoliert oder auch nur prüft, ob der Weihnachtsbaum ordnungsgemäß entsorgt wurde. Tatsächlich haben wir auch Erfahrungen mit Nachbarn gemacht, die manchmal freundlich-wohlwollend, manchmal unfreundlich-belehrend uns auf die von ihnen gewünschten Gepflogenheiten hinwiesen, beispielsweise wie und wann der Schnee zu räumen oder, wenn wir den Gartenkamin befeuerten, welches besonders raucharme Holz zu verwenden sei. In der *neighbourhood* bleibt auf Dauer kaum etwas im Verborgenen, und entweder man integriert sich als Teil der kleinen Gemeinschaft, oder man bleibt ausgeschlossen. Besonders merkwürdig kam uns jedoch vor, dass die Zugehörigkeit zur *neighbourhood* mit dem Tag endet, an dem man sie verlässt. Von den engen Freunden abgesehen, verloren sich die Kontakte zu unseren Nachbarn, mit denen wir gut bekannt zu sein glaubten – und dies, obwohl wir uns nur zwei Straßenzüge entfernt niederließen.

Dass vor allem in Toronto die kleinen, überschaubaren *neighbourhoods* in so großer Zahl überhaupt noch existieren, ist auch einer Frau zu verdanken, die man eher mit dem berühmten Manifest *The Death and Life of Great American Cities* von 1962 und mit der Rettung von Greenwich Village in New York City vor der Radikalsanierung verbindet. Die Städtebautheoretikerin und -kritikerin Jane Jacobs kam Ende der 1960er Jahre wie so viele andere Amerikaner nach Toronto, weil sie ihren Söhnen den Kriegsdienst in Vietnam ersparen wollte, und lebte dort bis zu ihrem Tod im Jahr 2006. Die als vehemente Kritikerin des rücksichtslosen modernen Städtebaus bereits etablierte Jacobs engagierte sich sofort im Kampf einer Bürgerbewegung gegen den Bau einer Stadtautobahn, die mitten durch Downtown Toronto führen sollte und einige *neighbourhoods* geteilt und unvermeidlich zerstört hätte – darunter auch *The Annex*, Jacobs eigene, von grandiosen viktorianischen Stadthäusern geprägte *neighbourhood*. Nicht nur war der Protest gegen die mutwillige Stadtzerstörung erfolgreich, er sorgte auch für ein generelles Umdenken in der Stadtbürokratie, die von nun an wesentlich stärker als zuvor auf Bewahrung, behutsame Erneuerung und Bürgerbeteiligung setzte. *The Annex* hat nicht zuletzt dank Jane Jacobs' vehementem Einsatz die Betonsanierung und den Autobahnbau überlebt, doch teilt er heute mit vielen anderen ehemals heruntergekommenen *neighbourhoods* das Schicksal der Gentrifizierung – dem massiven Eindringen von Besserverdienenden in innerstädtische Wohnbereiche, so dass Downtown Toronto mittlerweile zu den teuersten Hausmärkten in ganz Nordamerika zählt.

Neben der Gentrifizierung der Innenstädte besteht heute die größte Gefahr für die Integrität der großen und kleinen Städte in der zum Teil wilden Ansiedlung von *big boxes*, der von Handelsriesen dominierten *shopping centres*, die der Kleinheit der *neighbourhood* die Gigantomanie der *suburbs* entgegenstellen. Von der gravierenden ökonomischen Umverteilung abgesehen zerstören die *big boxes* auf Dauer die in den *neighbourhoods* so ausgeprägte Kultur des Verweilens.

Die kulturelle Bedeutung der *neighbourhoods* lässt sich schon allein daran bemessen, dass es eigentlich kaum einen kanadischen Autor gibt, der nicht »seine« *neighbourhood* literarisch verewigt hätte. Meister dieses Faches war zweifelsohne Mordecai Richler, der in seinen humorvollen Milieustudien vornehmlich des jüdischen Montreals einer mittlerweile untergegangenen, zumindest aber marginalisierten Welt ein Denkmal gesetzt hat.

Do you speak Canadian, eh? Kanadische Sprach-besonderheiten

Der Bilingualismus ist in der Bundesverfassung und schon seit den 1960er Jahren in der Provinzverfassung von New Brunswick festgeschrieben, was aber erst einmal nichts weiter heißt, als dass alle Dokumente und Dienstleistungen staatlicher Institutionen auf Englisch und Französisch zugänglich gemacht werden müssen. Tatsächlich sprechen zwar etwa 45 Prozent der frankophonen *Québécois* Englisch als zweite Sprache, aber insgesamt nur 7,5 Prozent der anglophonen Kanadier Französisch. Bilingual im Sinne der beiden Amtssprachen sind insgesamt weniger als 20 Prozent der Kanadier. Weitaus zahlreicher sind die sogenannten Allophonen, die neben einer der beiden Amtssprachen noch mindestens eine weitere Sprache (zumeist die ihres Herkunftslandes) sprechen. Gleichwohl ist es faszinierend, beispielsweise einer kanadischen Parlamentsdebatte zu folgen, in der die Redner nicht nur in den beiden Sprachen vortragen, sondern oftmals auch innerhalb einer Rede die Sprache mehrfach wechseln und den Sprachwechsel gar als rhetorisches Mittel einsetzen. Wer aber meint, der Bilingualismus sei ein Auslaufmodell, der irrt. Denn die mit Abstand höchsten Anteile an Zweisprachigkeit halten Jugendliche unter 18 Jahren und bemerkenswerterweise die stetig wachsende Zahl von *New Canadians*.

Besonderen Wert auf Zweisprachigkeit wird im Bildungsbereich gelegt. In allen großen und kleinen Städten des anglophonen Kanadas gibt es öffentliche französischsprachige Schulen, einmal, um den dort lebenden Frankophonen ihr Verfassungsrecht auf Unterricht in ihrer Muttersprache zu garantieren, zum anderen, um auch Anglophonen umfassenden Unterricht in der französischen Sprache anbieten zu können. Sehr beliebt unter anglophonen Kanadiern, welche die Bilingualität schätzen, ist die sogenannte *French immersion*, ein Schulprogramm, in dem Kinder mit der Muttersprache Englisch zum Teil ab der Vorschule vorrangig und quer durch die Schulfächer in Französisch unterrichtet werden. Der Glendon Campus der York University in Toronto ist die einzige Hochschule Kanadas, die ein komplettes bilinguales Studienprogramm anbietet. Daneben gibt es weitere Universitäten, die zumindest in Teilen zweisprachige Studiengänge offerieren. Die Förderung der Zweisprachigkeit kostet allerdings viel Geld und ist daher immer wieder Gegenstand wütender Kritik vor allem aus dem Westen Kanadas, wo der Frankophonie nur geringe Bedeutung beigemessen und hierin eine Verschwendung vom ohnehin sakrosankten *tax payer's money* vermutet wird. Auch schafft die Konkurrenz der zwei Hauptsprachen absurde Situationen, vom zweisprachigen Schilderwald einmal ganz abgesehen. Während meiner beruflichen Tätigkeit in Kanada war ich Mitglied einer kanadischen Forschungseinrichtung, die über deutsche und europäische Themen zu verhandeln hatte. Da man sich nicht auf eine gemeinsame Geschäftssprache einigen konnte, entschied man sich, die Verhandlungen auf Deutsch abzuhalten! Eine weitere Episode aus dem universitären Raum berichtet von einer zweisprachigen Studentin aus Quebec, die in einem Seminar im englischsprachigen Toronto lautstark ihr von der Verfassung verbrieftes Recht auf Verwendung ihrer Muttersprache einforderte, obwohl sie perfekt Englisch sprach und nicht alle Studierenden des Französischen mächtig waren. Als der Dozent deutscher Abstammung (allerdings nicht der Autor!) undiplomatisch Französisch als »sterbende Sprache« abqualifizierte, war die Situation nicht mehr haltbar und das Seminar musste unterbrochen werden. Wer in Kanada reüssieren möchte, insbesondere natürlich in der Politik auf der Ebene des Bundesstaates, kommt um die Bilingualität nicht herum, im Alltag hingegen bleibt der Gebrauch des Französischen auf einzelne, allerdings gewichtige Regionen beschränkt.

Neben Englisch und Französisch werden in Kanada über 100 weitere Sprachen gesprochen. Die Sprachen der Inuit, Innuktikut und Inuinnaqtun, sind offizielle Amtssprachen in den Territorien Nunavut und Nord-West-Territorium, hinzu kommen dort noch zahlreiche Sprachen der First Nations. Darüber hinaus existieren die Sprachen der ethnischen Minderheiten, die in vielen Fällen noch in den Haushalten gesprochen und deren Pflege vom kanadischen Staat gefördert wird. Rechnet man diese »Haushaltssprachen« hinzu, so sind weitaus mehr Kanadier zwei- oder mehrsprachig, als dies die auf Englisch und Französisch fixierten Statistiken ausdrücken. Insbesondere in

Montreal, Toronto und Vancouver sind es diese Sprachen, die in den ethnisch geprägten Vierteln als informelle Hauptsprachen zu gelten haben und in denen zum Teil auch öffentliche Dienstleistungen, etwa im Nahverkehr oder in Bibliotheken, angeboten werden.

Eine kanadische Sprache gibt es nicht, und doch haben sich über die Jahrzehnte im Englischen wie im Französischen kanadische Besonderheiten ausgebildet. Im Englischen wird den Besucher verwirren, dass im Schulkanadischen vorwiegend, aber eben nicht vollständig, nach britischen Regeln buchstabiert wird, die Aussprache aber mehrheitlich an klar artikuliertes amerikanisches Ostküsten-Englisch mit deutlich britischer Färbung erinnert. Noch verwirrender ist es, dass sich an die schriftlichen Regeln kaum einer hält, ja nur die wenigsten die formalen Regeln überhaupt kennen, so dass englische und amerikanische Schreibweisen nebeneinanderstehen und munter miteinander vermengt werden. Beeinflusst wurde das kanadische Englisch von Generationen von Einwanderern, die regional unterschiedliche sprachliche Spuren hinterlassen haben. Und auch einige Begriffe aus den Sprachen der Ureinwohner haben ihren Weg ins Kanadische gefunden. Wie in den USA, sind auch in Kanada zahlreiche deutsche Wörter ins Englische gewandert, darunter viele, die den Umweg über das Jiddische nahmen. Wenn ein Kanadier die Sauna besucht, dann geht er *for a shvitz*, und wenn er sich vor etwas drücken möchte, dann versucht er *to abseil*. Orthodoxe Sprachpuristen mögen die Nase rümpfen, doch in der Schöpfung neuer Wörter durch nahezu beliebige Selbstbedienung in anderen Sprachen macht den Nordamerikanern weltweit keiner etwas vor!

Besonders im Osten Kanadas wirkte sich die Nähe der frankophonen Bevölkerung auch sprachlich aus. Als *tuque* wird eine handelsübliche Wollmütze bezeichnet, ein *crayon* ist ein Buntstift, und in ganz Kanada bekannt ist das Nationalgericht Quebecs, die *Poutine*, ein schweres Allerlei aus Pommes Frites, Käse und Bratensoße, das mittlerweile allerdings auch in gehobeneren Geschmacks- und Preisklassen erhältlich ist. Vor allem die Angloquebecer haben zahlreiche französische Wörter in ihr Englisch aufgenommen, selbstverständlich ohne dabei auf die Konventionen der französischen Aussprache Rücksicht zu neh-

men. Natürlich hat das Kanadische auch ganz eigene Wort-
schöpfungen kreiert, die in anderen Teilen der englischsprachigen Welt so nicht existieren. Bestellt man in einem Café außerhalb Kanadas einen *double-double*, wird man voraussichtlich
nicht umgehend einen Kaffee mit zwei Schuss Milch und zwei
Stück Zucker erhalten. Die berühmteste englisch-kanadische
Sprachschöpfung jedoch dürfte wohl der Einschub *eh!* sein,
eine Art selbst versichernde Nachfrage im laufenden Satz, ähnlich dem süddeutschen »gell«. Ohne allzu sehr ein Klischee bemühen zu wollen, das außerhalb Kanadas gern abwertend für
den hinterwäldlerischen Norden verwendet, innerhalb Kanadas allerdings mittlerweile als ein sprachliches Kulturgut bewertet wird; es kann im Gespräch mit einem Kanadier durchaus vorkommen, dass die Zahl der verwendeten *Eh*s die Zahl
der restlichen Wörter eines Satzes übersteigt. Wenn es darum
geht, *Canadianness* zu bestimmen oder auch zu parodieren,
darf diese Wortschöpfung keinesfalls fehlen – ein Umstand, der
den kreativen Köpfen der Werbewirtschaft ebenfalls nicht ent-
gangen ist, taucht das Wort (am besten in Kombination mit einem Biber) doch in zahllosen Werbespots auf.

Die Entwicklung des Französischen in Kanada ist nicht weniger spannend und facettenreich, wobei eingeschränkt werden
muss, dass es sich dabei weniger um ein *Français canadien* als
vielmehr um ein *Français québécois* handelt. Wie im Falle des
Canadian English wurde auch das *Français québécois* durch die
enge Nachbarschaft vom Englischen und von den Sprachen der
First Nations beeinflusst. Immerhin waren es zunächst die
Franzosen, die zahlreiche indianische Ortsbezeichnungen in
ihre Sprache integrierten, von wo aus diese dann ins Englische
wanderten. Das Faszinierende am *Français québécois* aber ist,
dass es durch die erzwungene Abtrennung vom sprachlichen
Mutterland eine ganz eigene Entwicklung durchgemacht hat und
sich vom Standardfranzösisch markant unterscheidet. So haben
die *Québécois* eine ganze Reihe von Sprachveränderungen in
Frankreich seit Mitte des 18. Jahrhunderts nicht mitgemacht
und sprechen daher eine Sprache, die näher am »klassischen«
Französisch ist. Ein weiterer Faktor war die soziokulturelle
Selbstisolation der frankophonen Bevölkerung unter der englischen Herrschaft, welche die gesprochene Sprache wie in einer

Zeitkapsel einschloss. Und schließlich hat das 20. Jah
zahlreiche Anglizismen produziert, die in Frankreich
bar wären. Da die eigene Sprache dem vermeintlich
nicht ganz entspricht, verzeihen die *Québécois* den. _
bereitwillig sprachliche Unsicherheiten, zumal, wenn man sich
überhaupt bemüht Französisch zu sprechen und obendrein aus
Europa kommt. Zu einem Ohrenschmaus wird das *Français
québécois* allerdings in seinen Flüchen und Verwünschungen.
Die schwerwiegenden *Sacre*, so die Bezeichnung der Schimpf-
wörter, beziehen sich aufgrund der Jahrhunderte währenden
tiefen Religiosität und sozialen Dominanz der katholischen
Kirche auf den Katholizismus und dessen Liturgie. Wenn also
ein *Québécois* lautstark »sacrament« oder »tabernak« in den
Raum hineinruft, dann muss ihm etwas fürchterlich schiefge-
gangen sein. Eine Variante des *Français québécois* ist das *Joual*,
dessen Name sich aus der eigenwilligen Aussprache des französischen *cheval* ableitet. Ursprünglich ein von den frankophonen
Eliten verachteter Soziolekt, der von Arbeitern in Montreal gesprochen wurde, ist das *Joual* seit der *Révolution tranquille*, der
Durchbruch erfolgte 1968 mit einer legendären Aufführung des
Theaterstücks *Les Belles-Soeurs* von Michel Tremblay, zunächst
in der Gegenkultur der separatistischen Bewegung, mittlerweile
auch in der populären Jugendkultur als sprachliche Ausdrucks-
form frankophoner Eigenheit in Kanada angekommen.

Ein Streifzug durch die kanadischen Kultur(en) und Literatur(en)

Anlässlich der Olympischen Winterspiele 2010 in Vancouver
schaute ich mir mit kanadischen Freunden sowohl die Eröff-
nungs- als auch die Schlussfeier im Fernsehen an, weil die Vor-
ankündigungen versprachen, die kanadische Gegenwartskultur
den Augen der Weltöffentlichkeit zu präsentieren. Beide Veran-
staltungen kamen Großaufmärschen kanadischer Gegenwartskultur gleich: Bryan Adams, Nelly Furtado, Sarah McLachlan,
Donald Sutherland, Jodi Mitchell, Leonard Cohen, William
Shatner (Captain Kirk), Michael J. Fox, Neil Young und Alanis

Morissette und der obligatorische Auftritt des aus Montreal stammenden *Cirque du Soleil* zählten neben vielen anderen zu den direkten oder indirekten Akteuren der beiden eindrucksvoll besetzten Spektakel. Das Problem ist nur, dass die Mehrzahl der Künstler in der internationalen Öffentlichkeit nicht als Kanadier wahrgenommen wird. Schlimmer noch, selbst meine kanadischen Freunde wunderten sich ab und an: »… and he's Canadian, too?« Gemeinhin beschränkt sich das Wissen über die kanadische Kulturszene auf Namen von einigen Superstars, die man in der jeweiligen Zeit einfach nicht verpassen konnte: Glenn Gould, Marshall McLuhan, Margaret Atwood, Céline Dion, Douglas Coupland und wenige andere. Ein Grund liegt in der engen Verschränkung der kanadischen Kulturszene mit dem amerikanischen Markt. Das beste Beispiel dafür bietet wohl die amerikanische Filmindustrie, in der Kanadier in allen Positionen eine bedeutende Rolle spielen. Noch am ehesten als Kanadier bekannt dürfte der stilbildende Regisseur David Cronenberg sein, doch dass James Cameron, Superstar des kommerziellen Hollywood-Films (Terminator, Titanic, Avatar und viele mehr), in Kapuskasing im nördlichen Ontario geboren wurde, werden nur die wenigsten wissen. Zwar hat Kanada auf Bundes- wie auf Provinzebene eine sehr breite und trotz aller Kürzungen in den letzten Jahren auch vergleichsweise gut finanzierte staatliche Kulturförderung aufgebaut, doch wenn es um die großen Projekte und Verdienstmöglichkeiten geht, bevorzugt die Mehrzahl der Künstler den Milliardenmarkt im Süden. So ist es wenig verwunderlich, dass eine große Zahl durchaus bedeutender Künstler erst im Ausland bekannt werden musste, um dann auch in Kanada anerkannt zu werden.

Gerade im Filmbereich gilt Kanada als ein höchst attraktives und innovatives Land. Das *Toronto International Film Festival* zählt zu den bedeutendsten englischsprachigen auf der Welt, kaum weniger bedeutsam (und internationaler ausgerichtet) ist das *Festival des Films du Monde* in Montreal. Seit aufgrund der geringeren Kosten zahlreiche amerikanische Produktionen in Kanada durchgeführt wurden, haben sowohl Vancouver als auch Toronto sich das Attribut *Hollywood North* angeeignet. Mittlerweile sind es jedoch nicht nur amerikanische Produktionen, sondern eine zwar vergleichsweise kleine, jedoch sehr aktive heimische Filmindustrie, welche die Selbstbezeichnung rechtfertigt. Von großer Bedeutung bei der Schaffung und Bewahrung des modernen kanadischen Kinos ist der bereits vor dem Zweiten Weltkrieg gegründete *National Film Board of Canada.* Nicht nur hat er durch finanzielle und technische Unterstützung zahlreiche bekannte kanadische Produktionen überhaupt erst ermöglicht, sondern erlaubte durch gezielte Förderung – seit 2006 beispielsweise in Nunavut – unterrepräsentierten Gruppen der kanadischen Gesellschaft, eine eigene Filmkultur zu entwickeln und in die Öffentlichkeit zu bringen. Gleichwohl bleibt als das größte Problem der kanadischen Filmwelt die Massenabwanderung in die Traumfabriken der USA. Hervorstechend ist dabei die enorme Zahl an kanadischen Humoristen und Satiriker, die über den Umweg USA internationale Karriere machten. Die Prominentesten unter ihnen dürften wohl *Blues Brother* Dan Aykroyd und Mike Myers, einer der Köpfe der amerikanischen Kultsendung *Saturday Night Life,* sein. Tatsächlich ist die kanadische Kultur – Pop- wie Hochkultur – generell durchsetzt von Witz, Humor und einer gehörigen Portion Selbstironie. Sicherlich geht dieses Phänomen auch auf englische und französische Kulturtraditionen zurück, doch hat die kanadische Alltagserfahrung diese erweitert und in eine eigenständige Form überführt. So gibt es Erklärungsversuche, die das Leben in der Kälte und am Rande der Zivilisation, das nur durch Ironie und Satire zu ertragen war, ins Zentrum rücken. Andere sehen in den aus der regionalen und ethnischen Vielfalt entstandenen Differenzen und Konkurrenzen, die (nicht nur, aber eben auch) spielerisch-humorvoll verarbeitet werden, eine wichtige Quelle kanadischen Humors. Wie auch immer, kanadischer Humor ist in der Tat hörenswert und hebt sich im Niveau deutlich von durchschnittlichen Komödianten hierzulande ab.

Eine »Nationalliteratur« im europäischen Sinne kennt Kanada nicht, vielmehr existieren gleich mehrere Literaturen nebeneinander, die sich zwar überschneiden und wechselseitig befruchten, jedoch keine Einheit bilden. Der englischsprachige Buchmarkt in Kanada ist naturgemäß wesentlich größer und seine Autoren sind international wohl auch etablierter. Neben den großen Namen wie Margaret Atwood, Robertson Davies,

Alice Munro oder Michael Ondaatje existieren zahllose Autoren, die nur dem heimischen, manchmal auch ausschließlich regionalen Publikum bekannt sind, gleichwohl aber qualitativ hervorragende Texte schreiben. Lange wurde darüber gestritten, ab wann man überhaupt von einer kanadischen Literatur sprechen kann, denn noch bis weit ins 19. Jahrhundert hinein fühlten sich in Kanada lebende Autoren eher Großbritannien oder dem britischen Weltreich zugehörig, repräsentierten also vornehmlich *colonial literature*. Analog zu den Mitgliedern der *Group of Seven* in der Malerei begaben sich die sogenannten *Confederate Poets* nach der Staatsgründung auf die Suche nach spezifischen kanadischen Themen und endeten vornehmlich in sehr viktorianisch anmutenden Landschaftsschilderungen. Den Durchbruch in die literarische Moderne bereitete die *Montreal Group* in den 1920er Jahren, ein Schriftstellerzirkel, der sich an der McGill University in Montreal bildete, erstmals in breitem Umfang Theorien und Werke der amerikanischen und europäischen Moderne rezipierte und durch die Herausgabe einer eigenen Zeitschrift einen bislang fehlenden Referenzrahmen für moderne kanadische Literatur schuf.

Gleichwohl hatten es kanadische Autoren schwer, sich national oder international zu etablieren, was zum einen an der sehr geringen Zahl überhaupt publizierter Bücher, aber auch an den sehr spezifischen kanadischen Themen lag. Als eine der einflussreichsten kanadischen Publikationen, welche die kanadische Literatur auf die Weltbühne trug, gilt übrigens Leonard Cohens Roman *Beautiful Losers* aus dem Jahr 1966. Cohen, der damals auf der griechischen Insel Hydra lebte, brach mit den bis dahin als typisch kanadisch geltenden Konventionen und befreite die kanadische Literatur von der bis dahin vorherrschenden engen Themen- und Motivwahl. Insofern bereitete Cohen den Weg für spätere, zum Teil nur unwesentlich jüngere Autoren von Weltrang, allen voran Margaret Atwood. In ihrem Werk verschmelzen spezifische Erfahrungen des modernen Kanada, wie Identitätskrisen und Bipolarität, mit allgemeinen Themen, wie Weiblichkeit und zivilisatorische Verwüstungen. Zwar ist es müßig, aus einem derart reichhaltigen und herausragenden Œuvre einzelne Werke herauszugreifen, doch *The Handmaid's Tale* (1985, deutsch: *Der Report der Magd*), später von Volker Schlöndorff verfilmt, machte sie weltberühmt, und der autobiografisch eingefärbte Roman *Cat's Eye* (1989, deutsch: *Katzenauge*), der eindringlich ein kanadisches Frauenleben nach dem Zweiten Weltkrieg schildert, zählt zu meinen persönlichen Favoriten. Neben ihren Romanen veröffentlichte Atwood noch zahlreiche einflussreiche Gedichtbände, arbeitet als Literaturkritikerin und -theoretikerin und seit neuestem auch als Librettistin für die City Opera in Vancouver. Darüber hinaus kann Margaret Atwood als *public intellectual* par excellence in Kanada gelten. Wann immer eine politische oder gesellschaftliche Kontroverse großer Tragweite ausgetragen wird, meldet sie sich mit mächtiger Stimme zu Wort – und wird gehört. Sie sprach sich vehement gegen das amerikanisch-kanadische Freihandelsabkommen aus, engagiert sich im Umweltschutz – ihr letzter Roman *The Year of the Flood* (2009, deutsch: *Das Jahr der Flut*) ist eine grandiose Dystopie nach dem Scheitern der Moderne – und in einer 2008 unter dem Titel *Payback. Debt and the Shadow Side of Wealth* (deutsch: *Payback. Schulden und die Schattenseite des Wohlstands*) publizierten Vortragsreihe beleuchtete sie Idee und Praxis des Schuldenmachens in der Menschheitsgeschichte just in dem Moment, in dem die Finanzkrise die Weltwirtschaft zu erschüttern begann. Was Margaret Atwood als Schriftstellerin wie als Person noch zusätzlich sympathisch macht, ist ihr brillanter kanadischer Humor, der sich bei aller Tristesse der von ihr gewählten Sujets durch das gesamte Werk zieht.

Die spannendste Entwicklung der kanadischen Gegenwartsliteratur dürfte in der Weiterentwicklung der *ethnic literature* liegen, die es vereinzelt schon früher gegeben hatte, die aber nicht bewusst als solche wahrgenommen wurde. Zur Gattung *ethnic literature* zählen im Grunde all jene Werke, die in irgendeiner Beziehung zu den in Kanada vertretenen Ethnien jenseits der englischen und französischen stehen. Beschrieben werden darin zumeist die spezifischen Erfahrungen der *hyphenated Canadians*, also Kanadier aus Einwandererfamilien, die mit Sprache und Kultur sowohl ihrer früheren als auch ihrer neuen Heimat vertraut sind. Hinzu kommt noch die Literatur der Ureinwohner, die im Falle der First Nation seit den 1970er Jahren immer wieder ganz neue und überraschende Perspektiven auf das moderne Kanada entwirft. Zu den bekannteren Autoren der *ethnic literature* zählen Joy Kogawa *(Obasan)*, Josef Skvorecky *(The Bass Saxophone)*, Irving Layton (zahlreiche Gedichtbände) oder auch der deutschstämmige mennonitische Autor Rudy Wiebe *(Peace Shall Destroy Many)*, doch ist seit der Ausweitung der Herkunftsländer auf nichteuropäische Regionen die Zahl der Autoren, Publikationen und Themen ins Unüberschaubare angewachsen. Mit guten Gründen könnte man sogar behaupten, dass der Begriff der *ethnic literature* zumindest für jene Veröffentlichungen nicht mehr zeitgemäß ist, die in englischer oder französischer Sprache publiziert werden. Vielmehr hat die multikulturelle Erfahrung aller Kanadier eine Art kanadische Weltliteratur im besten Sinne des Wortes entstehen lassen, eine Literatur, die sich einerseits durchaus als kanadisch begreift, die dadurch gesetzten Grenzen aber immer wieder sprengt. Das berühmteste Beispiel für diesen Typus bietet wohl Michael Ondaatje, bekannt vor allem durch seinen Bestseller *The English Patient* von 1992 (deutsch: *Der englische Patient*). Bereits sein familiärer Hintergrund, der niederländische, tamilische, singhalesische und letztlich auch kanadische Elemente beinhaltet, verweist darauf, dass Ondaatje als Mensch und Autor mit nationalen Kategorien nur unzulänglich zu erfassen und zu verstehen ist. Hierin liegt vielleicht der bedeutendste Beitrag der kanadischen Gegenwartsliteratur, dass sie nämlich die *ethnic literature* in den literarischen Mainstream aufgenommen hat und daher als typische kanadische Literatur eben nicht mehr kanadisch ist.

Eine besondere Variante der englischsprachigen Literatur in Kanada repräsentieren jene Autoren, die als anglophone Minderheit im französischsprachigen Quebec zumindest zeitweise lebten. Die berühmtesten Vertreter dürften wohl Leonard Cohen, der uns heute in erster Linie als Musiker bekannt ist, und Mordecai Richler sein. Richler, der zu den prominentesten kanadischen Schriftstellern des 20. Jahrhunderts zählt, verarbeitete vor allem in dem 1959 erschienenen Roman *The Apprenticeship of Duddy Kravitz* (deutsch: *Die Lehrjahre des Duddy Kravitz*) seine Lebenserfahrungen als englischsprachiger Jude in Montreal und lieferte eine Milieuskizze des Viertels St. Urbain. Einem breiten deutschen (Fernseh-)Publikum dürfte er durch die Verfilmung seiner Kindergeschichten um Jacob Two-Two *(Jacob Zweizwei)* bekannt sein. Wie viele andere kanadische Schriftsteller arbeitete Richler auch als Kritiker und Essayist für Tageszeitungen und Magazine. Hier profilierte er sich als scharfer, manchmal auch über das Ziel hinausschießender Kritiker des französischen Ethnozentrismus und der Separatismusbewegung in Quebec, was unter seinen Widersachern wiederholt antienglische und antisemitische Affekte aktivierte. Überhaupt bildete sich Montreal in den 1960ern zur kanadischen Kulturmetropole aus. Die stille Revolution und der damit verbundene gesellschaftliche Aufbruch ließen nun auch französischsprachige künstlerische Kräfte gedeihen, die zuvor unter dem Regiment der katholischen Reaktion unterdrückt worden waren. Hinzu kamen die gelebte Zweisprachigkeit und ethnische Vielfalt in der Stadt, wenngleich eingeschränkt werden muss, dass die sprachlichen Grenzen erst nach und nach aufweichen. Auf die epochale Bedeutung von Michel Tremblays Sozialstudie *Joual* wurde bereits verwiesen. Die französischsprachige Literatur in Kanada wurde danach nicht nur salonfähig, sondern auch international, vornehmlich in der frankophonen Welt, rezipiert. So gewann die akadische Schriftstellerin Antoine Maillet für ihr 1979 erschienenes Buch *Pélagie-la-Charrette* als erste Nichteuropäerin den begehrten Prix Goncourt. Den bekanntesten französischsprachigen Roman in Kanada verfasste allerdings Yves Beauchemin, dessen Roman *Le matou* ein Welterfolg und 1985 verfilmt wurde.

Trotz der beachtlichen internationalen Erfolge ist der kanadische Literaturmarkt überschaubar. Wenn Autoren, wie etwa Margaret Atwood, Lesungen auch in den hintersten Ecken des Landes halten, geht es geradezu familiär zu. Denn die breite Öffentlichkeit nimmt an den literarischen und gesellschaftlichen Debatten kaum Teil. Hinzu kommt eine gehörige Portion Skepsis in den ländlichen Gegenden und vor allem in den Prairie-Provinzen gegenüber den *egg heads*, die sich vornehmlich in den Metropolen im Osten des Landes und in British Columbia konzentrieren. Dass Intellektuelle dennoch eine vernehmbare Stimme im Lande haben, liegt in der Offenheit der Tagespresse und der Magazine begründet. Tageszeitungen wie die liberalen *The Globe and Mail* und *Toronto Star*, die konservative *Natio-*

nal Post oder die beiden in Montreal erscheinenden *The Ga-zette* und *Le Devoir* bieten den Lesern regelmäßig Kommentare von kanadischen Intellektuellen und Auszüge aus literarischen Werken. Hinzu kommen erstklassige Magazine, unter denen *The Walrus* hervorsticht. Viele der kanadischen Autoren waren oder sind auch journalistisch für diese Zeitungen tätig. Der Berühmteste von ihnen war allerdings kein Kanadier, denn Ernest Hemingway war in den frühen 1920er Jahren als Reporter für den *Toronto Star Weekly* tätig. Ganz zentral in der intellektuellen Vorbereitung und später auch journalistischen Begleitung der »stillen Revolution« in Quebec war die sozialdemokratische Tageszeitung *Le Devoir*, die noch immer das Hausblatt französischsprachiger Intellektueller ist. Erst kürzlich durfte Margret Atwood im *Globe and Mail* gegen geplante Kürzungen im Kulturetat der Stadt Toronto wettern, was zu einer handfesten persönlichen Fehde mit dem konservativen Bürgermeister Rob Ford führte, der sich in der Öffentlichkeit schließlich mit dem Kommentar lächerlich machte, Margaret Atwood nicht zu kennen.

Auffallend an der kanadischen Qualitätspresse sind gerade im Unterschied zu amerikanischen Zeitungen – von den üblichen Ausnahmen abgesehen – einmal ihre breite politische Streuung von konservativ bis sozialdemokratisch und ihre zum Teil sehr ausführliche und qualitätvolle internationale Berichterstattung. Auch dies hat zur Folge, dass die Kanadier im Schnitt sehr viel besser über das Weltgeschehen informiert sind als ihre südlichen Nachbarn und obendrein aus einem sehr breiten Meinungsspektrum schöpfen können. Dies trifft – theoretisch – auch auf das Fernsehen zu, das in Kanada wie andernorts die erste und bedeutendste Informationsquelle darstellt. Das kanadische Flaggschiff ist die öffentlich-rechtliche *Canadian Broadcasting Corporation/Radio-Canada*, die zwei voneinander unabhängige Fernsehprogramme auf Englisch und Französisch betreibt sowie über ein umfassendes Radioprogramm und einen internationalen Service verfügt. Sicherlich ist auch die CBC zu jenen nationalen Institutionen zu zählen, die über lange Zeit auf journalistisch hohem Standard den Kanadiern ein Bewusstsein von Zusammengehörigkeit vermittelten. Diese Funktion hat die CBC nur in Teilen aufrechterhalten können, da einerseits die amerikanischen Massenmedien massiv in den kanadischen

Markt drängen, andererseits die CBC im Zuge der jüngeren konservativen Fiskalpolitik von drastischen Budgetkürzungen betroffen war. Gleichwohl bietet die CBC noch immer ein umfassendes Programm, das sich wohltuend von sonstigen Produkten der Informations- und Unterhaltungsindustrie in Nordamerika unterscheidet. Um diesen Status zu wahren und auch um die kanadischen Medien, insbesondere das Privatfernsehen, nicht zur Gänze vom amerikanischen Mainstream überrollen zu lassen, führte Kanada ein umfassendes Quotensystem ein, das die Ausstrahlung von *Canadian content* sicherstellen soll.

Die Kunst- und Kulturlandschaft Kanadas ist mittlerweile so vielfältig wie die Menschen, die in diesem Land leben. Die Herausforderung besteht darin, dieser Vielfalt den nötigen Raum zu gewähren und sie vor Vereinheitlichungstendenzen zu schützen. Zwar stehen der kanadische Zeitgeist, Neoliberalismus, Kulturdistanz und fortschreitende »Amerikanisierung« diesem Anspruch momentan entgegen, doch hat Kanada Institutionen geschaffen, die auch weiterhin stark genug sind, die kulturelle Eigenständigkeit und Dynamik des Landes zu gewährleisten. Die vibrierenden Kulturszenen in den kanadischen Großstädten gehen allerdings gerade mit dem Phänomen der »Amerikanisierung« sehr gelassen um. Sie fühlen sich größtenteils einer hybriden kanadisch-globalen Kultur verpflichtet, in der die amerikanische Kultur selbstverständlich ihren Platz hat, ohne jedoch dominant sein zu müssen.

Nichts könnte jedoch unrichtiger sein als ein Urteil des britischen Hochkommissars in Kanada, John Wilson, 2nd Baron Moran aus dem Jahr 1984, das viele Kanadier mehr oder weniger ironisch gern zitieren. Den Kanadiern Mittelmäßigkeit und beschränkte Begabungen unterstellend, übermittelte der Brite an das *Foreign Office:* »Jeder, der einigermaßen gut ist in dem, was er tut – Literatur, Theater, Skifahren und was auch sonst noch immer – wird zu einer nationalen Größe erhoben. Und jeder, der aus der Masse heraussticht wird in den Himmel gelobt und erhält sofort den *Order of Canada.*«

Krisen und Chancen – Widersprüche des modernen Kanada

Der fragile Bundesstaat

Wen deutsche Debatten über eine Länderreform oder den Länderfinanzausgleich ermüden, der sollte erst gar nicht versuchen, den kanadischen Bundesstaat zu verstehen. Dass dieser überhaupt noch existiert und darüber hinaus auch leidlich gut funktioniert, ist angesichts der zahllosen Verfassungskrisen an sich schon bemerkenswert. Kanada ist ein Bundesstaat, doch sind die Rechte und Freiheiten der Provinzen größer als anderswo. Die Entscheidung der kanadischen Gründerväter für ein föderales System lag einmal in der Diversität der britischen Kolonien in Nordamerika und deren unterschiedlichen Beitrittszeiten zur Konföderation, vor allem aber in der Erfahrung des amerikanischen Bürgerkriegs kurz vor Bildung der Konföderation begründet. Um von vornherein dem Problem einer möglicherweise gewaltsamen Entladung des Gegensatzes zwischen Frankophonen und Anglophonen in Kanada zu entgehen, entschied man sich, staatliche Gewalt aufzuteilen statt sie zu zentralisieren. Ein weiterer Faktor liegt sicherlich in der grundsätzlichen Unmöglichkeit, ein derart großes Land mit einer vergleichsweise geringen Bevölkerungszahl von einem zentralen Ort aus regieren zu können.

Es waren die Weltkriege und Trudeaus Projekt der *Just Society*, welches für alle Kanadier gleichwertige Lebensverhältnisse herstellen sollte, die den Zentralstaat und die damit verbundene Bürokratie stärkten und auf ein Maß anwachsen ließen, das vielen Kanadiern heute unerträglich scheint. Mittlerweile kann man schon von einem ideologischen Glaubenskrieg zwischen kanadischen Föderalisten und Befürwortern »starker Provinzen« sprechen.

Um die Interessen zwischen Bundesstaat und den Provinzen auszugleichen, treffen sich jährlich mehrere hundert Mal die verschiedensten Bund-Provinzen-Kommissionen, um über gemeinsame Politikfelder, vor allem aber über die Verteilung der finanziellen Ressourcen zu debattieren. Die Provinzen gelten als eigenständige und unanhängige Regierungsebene. Sie haben weitgehende Entscheidungsfreiheit in bedeutenden Bereichen wie Sozial- und Gesundheitswesen, Bildung oder Teilen des Rechtswesens. So wie auf Bundesebene die Queen of Canada im *governor general* einen eigenen – allerdings von der kanadischen Regierung ernannten – Repräsentanten zur Ausführung ihrer täglichen Pflichten hat, wird sie in den Provinzen von einem *lieutenant governor* vertreten. Zwar treten die meisten politischen Parteien im Bund wie in den Provinzen an oder haben enge Parteipartnerschaften geschlossen, doch gibt es einige Parteien, die nur in einer bestimmten Provinz vertreten sind. Natürlich gilt dies in erster Linie für Quebec, doch gerade konservative Parteien wie die Wildrose Alliance Party in Alberta oder die Saskatchewan Party existieren nur in den jeweiligen Provinzen.

Die Quebec-Frage hat noch keine dauerhaft befriedigende Antwort gefunden und beschäftigt das moderne Kanada bis auf den heutigen Tag. Schon die Verfassung von 1982 war von Quebec nicht ratifiziert worden, erhielt aber auch dort per Bundesdekret Gültigkeit. Alle folgenden Versuche, den Status der Provinz in der kanadischen Verfassung festzuschreiben, scheiterten am Widerstand der Provinzen oder am Einspruch der First Nations, die sich nicht ausreichend repräsentiert sahen. Am dramatischsten verlief die zweite Volksabstimmung über den Verbleib Quebecs in der kanadischen Konföderation. Beim *Quebec Referendum* von 1995 fehlten den Befürwortern einer Sezession bei einer Wahlbeteiligung von 94 Prozent gerade einmal 50 000 Stimmen. Neben dem südlichen Landesteil waren es vor allem die First Nations, die sich unter Verweis auf ihr Selbstbestimmungsrecht auf nationale Zugehörigkeit gegen eine Abspaltung Quebecs stellten.

Der »große Wurf« einer Verfassungsänderung ist bislang ebenso ausgeblieben wie der Kollaps der Konföderation infolge einer Unabhängigkeit Quebecs. Nach 1995 hat es die Parti Québécois nicht wieder gewagt, eine Volksbefragung über die Unabhängigkeit anzustoßen. Allerdings ist seitdem einiges getan worden, um Quebec den Verbleib in der Konföderation schmackhaft zu machen. So genießt Quebec Vorrechte gegenüber anderen Provinzen in der Steuergesetzgebung, in der Ausgestaltung seiner Sozialsysteme oder auch in der Auswahl von Immigranten. Der »asymmetrische Föderalismus«, in den Augen der englischsprachigen Provinzen die bevorzugte Behandlung Quebecs, mag einem Betrachter von außen merkwürdig vorkommen, doch spiegelt diese Ungleichheit der Rechte die unterschiedlichen historischen und kulturellen Bedeutungen der kanadischen Regionen wider. Auch hat sich die rhetorische Bewertung der Rolle Quebecs in der kanadischen Konföderation gewandelt. Für Pierre Trudeau, dem die Einheit Kanadas über allem anderen stand, war es noch völlig undenkbar, Quebec auch nur sprachlich einen Sonderstatus zu gewähren. Réne Lesage hatte mit Erfolg die Formel von der *société distincte* in die Verfassungsverhandlungen seit den späten 1980er Jahren eingebracht, die in der jüngsten Gegenwart sogar zur förmlichen Anerkennung Quebecs als eigene »Nation« innerhalb der kanadischen Konföderation erweitert wurde. Für die Mehrheit der kanadischen Bevölkerung außerhalb Quebecs ist laut neueren Umfragen die Quebec-Frage ohnehin von schwindender Bedeutung. Galt die mögliche Sezession Quebecs noch bis vor einem Jahrzehnt als die Schicksalsfrage der Nation, so messen heute nur 50 Prozent der Befragten außerhalb der Provinz dieser noch besonderes Gewicht bei. Und natürlich haben auch die *Québécois* jenseits der politischen Kampfrhetorik mehrheitlich ihren Frieden mit Kanada gemacht. Zwar kann es einem noch immer passieren, dass man bei einem Aufenthalt in Quebec in eine separatistische Spontandemonstration gerät, doch scheinen Quebec und das britische Kanada sich vorerst leidlich arrangiert zu haben. Die Provinz genießt weitgehende Sonderrechte, ihre Bewohner schirmen ihre frankophone Kultur erfolgreich von der anglophonen Übermacht ab und fühlen mehrheitlich, dass *la Belle Province* zwar etwas Einzigartiges in Nordamerika ist, aber doch irgendwie zu Kanada gehört.

Die Quebec-Frage war sicherlich die größte Herausforderung für den Zusammenhalt der Konföderation. Aber auch englischsprachige Provinzen fordern für sich Sonderrechte und vor allem mehr Unabhängigkeit vom Bundesstaat ein, so dass beispielsweise der *Globe and Mail* in Bezug auf Alberta und Quebec von einer »Achse des Separatismus« sprach. In den *Prairies*, wo seit jeher separatistische Randbewegungen existieren, ist die kritische Grundeinstellung gegenüber dem Bundesstaat wohl am stärksten ausgeprägt. Die Gründe hierfür liegen vor allem in der besonderen ökonomischen und demografischen Entwicklung der Provinzen. So hat sich vor allem Alberta über die sonstigen Hoheitsaufgaben der Provinzen hinaus die volle Souveränität über seine Bodenschätze sichern lassen, betreibt eine eigene Energiepolitik, und selbst der Austritt aus der staatlichen Rentenversicherung – Alberta ist die mit Abstand »jüngste« Provinz – wird zumindest diskutiert. Nicht vergessen sollte man schließlich, dass es gleich zwei Volksabstimmungen bedurfte, bis sich in Neufundland eine knappe Mehrheit für den 1949 erfolgten Beitritt zu Kanada fand. Und auch heute noch gelten die *Newfies* als besonders widerborstige Eigenbrötler im kanadischen Bundesstaat.

Was Ende der 1960er Jahre noch als Affront des erwachenden Quebecer Nationalismus gegen den Bundesstaat verstanden wurde, ist heute Normalität. Auf der Ebene der Wirtschafts- und Wissenschaftsbeziehungen verfolgen die Provinzen eine Art Nebenaußenpolitik, indem sie Verbindungshäuser im Ausland unterhalten und eigene Kooperationen in die Wege leiten. Hinzu kommen noch parteienübergreifend gelegentliche Egoismen der Provinzen, Klientelpolitik oder auch Profilierungssüchte einzelner Sonnenkönige in den Provinzen, welche bei vielen Kanadiern Frustrationen über die andauernden Debatten aufkommen lassen. Die Aversionen im britischen Kanada gegenüber der Sonderstellung Quebecs sind notorisch, die Frankophonen sind in ihrer Mehrheit mit der Stellung Quebecs unzufrieden, und dem westlichen Kanada ist Ottawa und seine politische Klasse traditionell suspekt.

Und dennoch hat der kanadische Bundesstaat bislang alle politischen Stürme vergleichsweise gut überstanden, vor allem seit unter Jean Chrétien dazu übergangen wurde, die Konflikte zwischen den Provinzen pragmatisch und fallweise zu klären. Der kanadische Bundesstaat ist weiterhin inmitten eines komplizierten Prozesses der Devolution, der Übertragung von Rechten und Funktionen auf die Ebene der Provinzen. Während vornehmlich linke Föderalisten befürchten, dass damit auch der Ausverkauf nationaler sozialer Errungenschaften einhergehen könnte, geht anderen die Machtübertragung nicht schnell und weitreichend genug. Doch wahrscheinlich ist gerade diese Kompliziertheit etwas typisch Kanadisches und entspricht der Komplexität der alles andere als geradlinigen historischen und gegenwärtigen Beziehungen der einzelnen Landesteile untereinander.

Auch kulturell lässt sich in Kanada ein stärkerer Regionalismus feststellen als andernorts. Im Vorwort zu *The Bush Garden: Essays on the Canadian Imagination* von 1971 diskutiert Northrop Frye den Zusammenhang von naturräumlicher Erfahrung, kultureller Orientierung und literarischer Phantasie, die sich in Kanada vornehmlich auf die Regionen bezogen hätten. Demnach dominierten in Kanada regional verankerte Kulturen anstelle einer klar definierten Nationalkultur. Auf Cape Breton Island (Nova Scotia) mit seinen starken schottisch-gälischen Traditionen wird grundlegend anders und anderes erinnert, erzählt und kulturell ausgedrückt als in Torontos Little Italy oder in Calgary, Kanadas *Cowboy Capital*. Diese kulturelle und politische Vielfalt macht zu einem großen Teil die Vitalität und Faszination Kanadas aus, zugleich ist sie jedoch Ursache für tiefsitzende Spannungen.

Rohstoffabbau oder Industrie – ein Dilemma der kanadischen Wirtschaft?

Kanada zählt nach allen erdenklichen ökonomischen Kriterien zu den reichsten Ländern der Welt, so dass die Frage nach einem möglichen Dilemma einer Klage auf hohem Niveau gleichkommt. Der Human Development Index der Vereinten Nationen verzeichnete Kanada 2011 auf Platz sechs weltweit. Kanadische Großstädte, allen voran Vancouver, rangieren auf den vorderen Plätzen der globalen Rankings lebenswerter Städte. Und dennoch haben sich in den letzten Jahren wirtschaftliche Entwicklungen verstärkt, welche die internen wirtschaftlichen und sozialen Ungleichheiten zu verstärken drohen. Die Ursachen dafür liegen in erster Linie in den extrem unterschiedlichen regionalen Wirtschaftsgrundlagen und deren verschärfter Auseinanderentwicklung in den letzten Jahren. Grob vereinfachend besteht ein grundlegender Konflikt zwischen der verarbeitenden Industrie, wie sie vor allem die Wirtschaftsstruktur im Osten prägt, und den Rohstoffindustrien im Westen und Norden des Landes.

Harold Innis, Politischer Ökonom und Kommunikationswissenschaftler, neben Marshall McLuhan einer der einflussreichsten kanadischen Intellektuellen des 20. Jahrhunderts, wies schon vor dem Zweiten Weltkrieg auf die Prägung der kanadischen Kultur, des politischen Systems und der Wirtschaftsordnung durch den Export nichtverarbeiteter Rohstoffe hin. Der Handel mit Fellen, Kabeljau, Getreide und Holz bestimmte über Jahrhunderte die regionalen Ökonomien und machte Kanada als Rohstofflieferant abhängig von den industrialisierten Ländern – eine Geschichte, die überwunden schien, heute aber mit der Ölindustrie fortgeschrieben zu werden scheint.

Dieser Konflikt setzt bereits mit der Frage ein, wohin das im Westen geförderte Öl vorzugsweise geliefert werden soll. Trudeaus Plan eines nationalen Energieprogramms, das auf eine kanadische Autarkie zielte, scheiterte letztlich an seiner wirtschaftlichen Ineffizienz und am Widerstand Albertas. Stattdessen liefert der kanadische Westen das dort gewonnene Rohöl nahezu ausschließlich in die USA, während die von Öllieferungen abhängigen Industrien in den Provinzen Ontario und Quebec Erdöl zu weitaus höheren Preisen importieren müssen. Ein zweiter Konfliktherd ergibt sich aus der enormen Wertsteigerung des kanadischen Dollars aufgrund des Ölbooms. In den 1990er Jahren war es noch möglich, das hochverschuldete Kanada, vom *Wall Street Journal* damals als »Ehrenmitglied der Dritten Welt« verhöhnt, durch Abwertung des kanadischen Dollars innerhalb eines Jahrzehnts nahezu komplett zu entschulden. Heute ist das nicht mehr möglich, da sich das einstige Schreckgespent der *dollar parity*, ein paritätischer Wechselkurs gegenüber dem US-Dollar, als Normalfall etabliert hat. Zwar verzeichnet Kanada unter den Industriestaaten mittlerweile die niedrigste Staatsverschuldung, doch hat es sich gerade im Vergleich zu den USA zu einem Hochpreisland entwickelt. Nicht zuletzt dank der boomenden Ölindustrie ist der Kanadische Dollar im Wert stark gestiegen – die kanadische Ausgabe des *Time Magazine* ernannte 2007 den Kanadischen Dollar zum *Newsmaker of the Year* –, so dass die vor allem im Osten des Landes konzentrierte Exportindustrie über steigende Absatzschwierigkeiten klagt. Hier stehen Kanada noch massive Auseinandersetzungen zwischen den gegensätzlichen Wirtschaftskulturen bevor, die bereits jetzt ihre Vorboten in regelmäßigen wechselseitigen Beschuldigungen zwischen den politischen Eliten vor allem in Alberta und Ontario haben.

Ein weiterer Nachteil sind die relative Innovationsarmut in Kanada und die geringe Ausprägung von sogenannten Hochtechnologien. Dem Unternehmen Research in Motion, das mit dem Blackberry das weltweit wohl bekannteste kanadische Produkt auf den Markt gebracht hat, ist die Konkurrenz aus den USA und aus Asien mittlerweile wohl enteilt. So gräbt man lieber als zu erfinden. Zu einfach scheint es zu sein, natürliche Ressourcen rigoros abzubauen und unverarbeitet ins Ausland zu verkaufen, als dass kanadische Unternehmen im eigenen Land sich zur Veredelung der Produkte genötigt sähen. Sank der Anteil unverarbeiteter Rohstoffe an den Gesamtexporten in den 1990er Jahren von 90 auf 45 Prozent, ist dieser nun binnen eines halben Jahrzehnts wieder auf zwei Drittel gestiegen. Kanada ist weltweit größter Produzent von Kali und Uranerz und gilt als einer der größten Lieferanten von Öl, Gold, Zink und Diamanten.

Die Nachteile des Rohstoffexports liegen auf der Hand: zum einen die einseitige Abhängigkeit vom Rohstoffexport und den Preisschwankungen auf dem Weltmarkt, zu anderen ein relativer Rückgang an Produktivität und Innovationskraft. Mit der rücksichtslosen Ausbeutung der natürlichen Ressourcen sind zwar sehr schnell und auf vergleichbar leichtem Weg hohe Profite zu erzielen, ob aber die Höhe dieser Profite mittelfristig gehalten werden kann, ist zu bezweifeln. Irgendwann wird Kanada einsehen müssen, dass selbst große Reserven an Bodenschätzen endlich sind.

Vorerst gravierender sind aber die zum Teil enormen wirtschaftlichen Unterschiede zwischen den Provinzen, die sich in den letzten Jahren noch verschärft haben, und die daraus resultierende Binnenwanderung. So ist das Bruttoinlandsprodukt pro Kopf in Alberta fast doppelt so hoch wie das in den *Maritimes*, die Arbeitslosenquoten in den Prairie-Provinzen liegen um bis zu ein Drittel niedriger als an der Atlantikküste, und aus dem krisengeschüttelten Neufundland stammen etwa 20 Prozent der von der Ölindustrie angeworbenen Arbeitskräfte, von denen geschätzte 10 000 sogar den *big commute*, ein wöchentliches Pendeln über 4000 Kilometer zwischen Heimat und Arbeitsplatz, wagen. Viele Kanadier befürchten, dass mit Anwachsen der Ungleichheiten insbesondere der kanadische Wohlfahrtsstaat seine innere Balance verlieren könnte, was angesichts der gelegentlich artikulierten regionalen Egoismen auch nicht gänzlich aus der Luft gegriffen ist.

Schwarzes Gold und grüne Anfänge

Die am schnellsten wachsende Stadt Kanadas ist ein ehemaliges Nest in der Provinz Alberta, etwa 450 Kilometer nordöstlich der Hauptstadt Edmonton gelegen. Die genaue Einwohnerzahl lässt sich dabei gar nicht feststellen, weil viele der Einwohner Zeitarbeiter oder Pendler sind. *Boomtown* Fort McMurray liegt inmitten der Athabasca-Ölsande und kann als die Ölhauptstadt Kanadas bezeichnet werden. Die potentielle Gesamtabbaufläche von Ölsanden in Alberta hat ungefähr die Größe von England, was Schätzungen zufolge etwa einem Drittel der weltweiten Ölvorkommen (die zweitgrößten nach Saudi-Arabien) entspricht. Lange Zeit wurde der nah an der Oberfläche lagernde Ölsand im Tagebau gefördert, was trostlose Mondlandschaften von unvorstellbarer Größe hat entstehen lassen. Diese Ressourcen sind jedoch bereits weitgehend abgebaut, so dass die Ölsande heutzutage vornehmlich in technisch aufwendigen und energieintensiven Verfahren unterirdisch abgebaut werden müssen. Zwei Entwicklungen haben die Bedeutung der in Alberta konzentrierten kanadischen Ölvorkommen besonders befördert. Einerseits sind es der amerikanische Hunger nach Öl und die Entscheidung, die amerikanische Ölversorgung global zu diversifizieren. Schon jetzt ist Kanada der größte Öllieferant der USA, an die der Löwenanteil des aus den Ölsanden gewonnen Öls geliefert wird. Andererseits ist es der steigende Ölpreis, der 2008 mit über 140 US-Dollar pro Barrel Rekordwerte erreichte, im Moment der Niederschrift allerdings wieder zwischen 90 und 100 US-Dollar pendelt.

Alberta und auch Kanada profitieren natürlich ökonomisch von dem jüngsten Ölboom, selbst wenn gigantische Investitionsprogramme aufgrund des gesunkenen Ölpreises wieder zurückgefahren werden mussten. Alberta ist nahe der Vollbeschäftigung, das Bruttoinlandsprodukt liegt pro Kopf um 60 Prozent über dem kanadischen Durchschnitt, und die in Alberta gezahlten Löhne sind die mit Abstand höchsten im Lande. Doch sind die langfristigen sozialen und ökologischen Kosten noch weitgehend unabsehbar.

In den Rankings ökologischer »Schurkenstaaten« landet Kanada regelmäßig auf wenig schmeichelhaften Plätzen, obwohl das Land aufgrund seiner Größe noch intakte Ökosysteme in unvorstellbarer Größenordnung besitzt. Der Pro-Kopf-Energieverbrauch ist der höchste unter den westlichen Ländern der Welt und beinahe doppelt so hoch wie in Deutschland; auch bei den Kohlendioxid-Emissionen steht Kanada proportional zur Bevölkerungszahl in einem gelinde gesagt ungünstigen Licht. Ihren Teil tragen die Ölsande zu diesem Verbrauch bei, da zur Förderung des Öls große Mengen an Erdgas verwendet werden müssen. An diesen Zuständen wird sich in der nächsten Zeit wohl kaum etwas ändern, ist die Ölsand-Lobby doch strukturell und personell eng mit den politischen Eliten in den relevanten Provinzen sowie mit der aktuellen Bundesregierung verwoben. Bisheriger negativer Höhepunkt war die einseitige Aufkündigung der Bindung Kanadas an das Kyoto-Protokoll in 2011, um drohenden Strafzahlungen in Milliardenhöhe zu entgehen. Und auch bei den Folgeverhandlungen teilte Kanada als einziges westliches Land die Positionen der *hardliner* aus den Schwellenländern.

Der ungebremste Ressourcenabbau hinterlässt zusätzliche Verwerfungen. Vertreter der First Nations im Athabasca-Gebiet sprechen gar von »biologischer Kriegsführung« im Zusammenhang mit der Wasserverschmutzung, des Artensterbens und des stark erhöhten Auftretens von Krebserkrankungen aufgrund von freigesetzten Schwermetallen. Mittlerweile senden die First Nations wie auch die Inuit eigene Vertreter zu den Umweltgipfeln der Vereinten Nationen, um die Inaktivität sowohl der Provinzen als auch der Bundesregierung in der Frage der Umweltbelastungen zu konterkarieren. Geschundene Landschaften beschränken sich aber nicht nur auf das Gebiet der Ölsande. In Ontario sind die Narben von einem Jahrhundert Metallabbau vor allem im Gebiet um die Stadt Sudbury zu besichtigen, und die ökologische Vorzeigeprovinz Quebec sorgte kürzlich erst für Aufsehen, als sie mit einer Staatsbürgschaft die letzte Asbestmine, nahe einem Ort mit dem schillernden Namen Asbestos, vor dem Konkurs rettete. Es entsteht der Eindruck, dass auch jenseits der Ölsande den Provinzen das Hemd näher als der Rock ist und im Zweifelsfall wirtschaftliche Entscheidungen gegen jede ökologische Vernunft getroffen werden.

Doch nicht nur die Industrie, auch die Verbraucher tragen zu der verheerenden Ökobilanz des Landes bei. Energie in Kanada ist günstig, und entsprechend hoch ist der private Energieverbrauch. Surren im Sommer die obligatorischen Klimaanlagen, laufen im Winter die Heizungen (und vor den Restaurants die Heizpilze) auf Hochtouren. Zwar sind die Benzinpreise weitaus höher als in den USA, laden aber im Vergleich zu Westeuropa noch immer zum extensiven Gebrauch des Autos ein. Man praktiziert Mülltrennung, doch weiß keiner so genau, was auf den großen Müllkippen in den USA damit passiert. Man zahlt Dosenpfand und eine Abgabe auf Plastiktüten, und doch fliegen diese zu Tausenden in der Landschaft umher. Man kann wohl durchaus von einem entstehenden Umwelt- und Verantwortungsbewusstsein vor Ort in Kanada sprechen, das sich nicht allein auf die Regenerationskraft der Natur in der Ferne bezieht. Doch ist der habituelle Wandel ein sehr langsamer, wenn es um persönlichen Verzicht oder auch nur Anstrengung geht. Die Alltagserfahrung erzählt hiervon zahllose Geschichten: Hauswände werden so gut wie gar nicht isoliert, verbrauchte Batterien weiterhin im Hausmüll entsorgt und Autofahrer ignorieren das *no idling*-Gebot und lassen den Motor auch bei längerem Stillstand einfach laufen.

Jedoch wächst auch in Kanada, dem Land der Naturparks und einer eigentlich umfassenden Natur- und Artenschutzgesetzgebung, allmählich ein allgemeines ökologisches Verantwortungsbewusstsein heran. Im kanadischen Alltagsleben spielen grünes Denken und grüner Lifestyle eine zunehmend wichtige Rolle. *Eco* und *organic* sind chic in linksliberalen Kreisen mit dem entsprechenden Einkommen. In den Städten schießen die *farmer's markets*, wo in erster Linie regionale Produkte aus Bioanbau angeboten werden, wie Pilze aus dem Boden. Wenngleich noch nicht mit Deutschland vergleichbar, beginnt sich eine veritable Ökoindustrie herauszubilden. Auch hat die kanadische Ökobewegung in David Suzuki schon seit langem ein prominentes Gesicht. Der in allen Medien präsente Wissenschaftler und Umweltaktivist hat besonders in seiner Fernsehsendung *The Nature of Things* viele Kanadier für Umweltfragen überhaupt erst sensibilisiert. Aber es handelt sich dabei noch immer um eine städtische Minderheitenbewegung, die von besser verdienenden linksliberalen und sozialdemokratischen Kreisen getragen wird.

Von Bedeutung sind derzeit vor allem politische Initiativen auf der Ebene der Provinzen, da die konservative Bundesregierung als Motor einer ökologischen Neuorientierung weitgehend ausfällt. Als Vorreiter gilt dabei Quebec, das bereits 2007 einen umfangreichen *Plan vert* vorgelegt hatte und seit neuestem mit der Provinz Manitoba bei ökologischen Reformen zusammenarbeiten möchte. Auch Ontario hat kürzlich einen ehrgeizigen *Green Energy Plan* vorgestellt, der die sukzessive Ablösung fossiler Energieträger durch erneuerbare Energien vorsieht – bei allerdings zwischenzeitlich verstärkter Nutzung der Kernenergie. Im Unterschied zu den USA existiert in Kanada nicht nur eine »grüne Bewegung«, sondern sie ist mit wachsendem Erfolg auch parteipolitisch organisiert. In Umfragen erhalten die Grünen in manchen Provinzen bis zu 15 Prozent der Stimmen, die aber aufgrund des Mehrheitswahlrechts zumeist »verloren« gehen. Seit 2006 ist die gebürtige Amerikanerin Elizabeth May der politische Kopf der kanadischen Grünen und brachte bei den Wahlen zum Bundesparlament 2011 das Kunststück fertig, in ihrem Wahlbezirk in British Columbia, die Stimmen für die Grünen zu verfünffachen und den konservativen Favoriten zu schlagen. Sie ist damit die erste und bislang einzige Grüne Abgeordnete im kanadischen *House of Commons*. Doch haben auch andere Parteien, vor allem die sozialdemokratische NDP und auch die Liberalen, grüne Elemente in ihre Parteiprogramme aufgenommen. Als jedoch der damalige Spitzenkandidat der Liberalen Stéphane Dion 2008 einen Wahlkampf mit vornehmlich grünen Themen führte, wurde er von den Wählern mit dem schlechtesten Wahlergebnis der Liberalen auf Bundesebene abgestraft.

Einen ökologischen Grundkonsens wie in vielen europäischen Gesellschaften gibt es in Kanada nicht. Vielmehr wird der Gegensatz von Ökonomie und Ökologie zum Teil bewusst verschärft ausgespielt, die widersprechenden Meinungen als ideologisierter Glaubenskrieg ausgefochten. Den einen gelten Ölsande als nationale Schande, den anderen als ein zentraler Bestandteil der Energiepolitik. Selbst der Klimawandel als solcher, von Wissenschaftlern und einer breiten Bevölkerungsmehrheit weltweit als Faktum anerkannt, wird unter den kanadischen politischen Eliten noch als eine nicht ausreichend nachgewiesene »politische Theorie« abgetan. Diese tiefe Spaltung der Gesellschaft lässt sich auch im Kleinen beobachten. In manchen Städten toben Kleinkriege zwischen radikalen Fahrradfahrern und auf ihre Vorrechte pochenden Autofahrern. Jede Einrichtung einer noch so kurzen *bike lane* wird als Einschnitt in die Freiheit des automobilen Bürgers wahrgenommen. Der öffentliche Nahverkehr in Toronto galt Anfang der 1980er Jahre als einer der am besten ausgebauten in ganz Nordamerika. Seitdem ist nicht mehr viel geschehen, der öffentliche Nahverkehr hat mit der Bevölkerungsexplosion des Großraumes nicht mithalten können. Doch noch immer wird der systematische Ausbau des Netzes verzögert oder gar aufgehoben.

Bislang hat sich der Widerspruch zwischen den wirtschaftlichen Interessen der Rohstoffindustrie und der wachsenden Kritik von Umweltverbänden eher verschärft. Doch auch in dieser Frage könnte den First Nations mit ihrem auf Bewahrung ausgerichteten Naturverständnis in der Zukunft eine Schlüsselrolle zukommen, liegt doch die Mehrzahl der bislang unberührten Bodenschätze in Gebieten, deren Landnutzungsrechte den kanadischen Ureinwohnern übertragen wurden.

Rednecks oder Urbanites – wo liegt die kanadische Identität?

Fragt man einen Kanadier nach seiner Herkunft, so kann man je nach Gesprächssituation verschiedene Antworten bekommen: Er nennt ein Land, eine Provinz, eine Region, den Heimatort, die *neighbourhood* oder gar im Falle von Immigranten das außerhalb Kanadas liegende Herkunftsland. Für den Einzelnen stellt das zumeist kein besonderes Problem dar. In ihrer großen Mehrheit haben die Kanadier mit multiplen Identitäten umzugehen gelernt. Man kann gleichzeitig Inder, Montrealer, *Québécois* und Kanadier sein. Gleichwohl geistern immer wieder Debatten über kanadische Identität und kanadische Werte durch die Medien, streiten Politiker und Intellektuelle über den Kern von *Canadianness*.

Der große Satiriker Mordecai Richler schlug einmal vor, als einendes und identitätsstiftendes Element der Kanadier die Tatsache zu begreifen, dass alle *loser* Verlierer der Geschichte seien. Kaum eine der in Kanada lebenden kulturellen und sozialen Gruppen, so Richler, sei freiwillig in dieses unwirtliche Land gekommen, sondern habe sich niedergelassen, weil sie andernorts nicht Fuß fassen konnte. So seien die Kanadier eben einfach da, ohne zu besonderen patriotischen Gesten fähig zu sein. Derart ketzerische und ironische Selbstsichten waren sicher noch nie mehrheitsfähig, doch ist daran so viel wahr, dass die Kanadier, ob man sie nun als Opfer (Atwood), Angstbeladene (Frye) oder eben als Verlierer begreift, auf der Suche nach einer Identitätskonstruktion weitgehend frei von Nationalismen geblieben waren.

Doch mehren sich die Stimmen, die einen »positiven Patriotismus« fordern. Eine ihrer lautesten ist die des Eishockey-Kommentators Don Cherry, der die wohl wichtigste Fernsehsendung im Land, *Hockey Night in Canada*, in beleidigender Weise gern für Kampagnen gegen alles vermeintlich Unkanadische nutzt. Seine Ausbrüche gegen die Verweichlichung des *hockey* sind als Metaphern gegen missliebige gesellschaftliche Entwicklungen im modernen Kanada zu verstehen. Für seine große Fangemeinde hetzt er gegen Frankokanadier, Europäer, oder *pinkos* (also alle politischen Parteien links der Konservativen) und stellt die überlieferten Werte des ländlichen britisch geprägten Kanada dagegen, die politisch mehrheitlich im eher rechten Feld des Parteienspektrums repräsentiert sind. So ist Cherry ein vehementer Befürworter von Harpers konservativer Regierung oder des populistischen und neoliberalen Bürgermeisters von Toronto Rob Ford. Sicherlich ist Don Cherry eine kontroverse Medienfigur, deren Status als *celebrity* umstritten ist und die auch nicht von jedermann ernst genommen wird. Gleichwohl steht er auch für eine signifikante Zahl von Kanadiern, die durch fremde Einflüsse eine Aufweichung, wenn nicht gar Auflösung jener traditionellen kanadischen Werte beobachten, durch die das Land groß geworden sei.

Es wäre übertrieben, von einem Erstarken eines kanadischen Nationalismus zu sprechen, doch lassen sich durchaus politisch geförderte Tendenzen hin zu einem neuen Patriotismus ausmachen. Die Heroisierung der Afghanistan-Mission ist ein prominentes Beispiel. Die kanadische Rolle in Afghanistan wird von der konservativen Regierung, von Veteranenverbänden und in den Medien moralisch überhöht. So wurde ein Autobahnteilstück zwischen Trenton und Toronto in *Highway of Heroes* umbenannt, weil auf dieser Strecke die Toten des Afghanistankrieges gewöhnlich von der Militärflugbasis bei Trenton zum Zentrum für Forensik in Toronto überführt werden. Die Olympischen Spiele in Vancouver 2010 wurden von Teilen der Medien als Nachweis aufgeführt, dass Kanada imstande sei, eine Führungsrolle in der Welt zu übernehmen – zumal man im *medal count* vor den klassischen Wintersportnationen Europas auf Platz eins landete. Und auch im Kleinen machen sich Änderungen bemerkbar: Als ich meinen kanadischen Freunden erzählte, dass an der Schule meines Sohnes das allmorgendliche Singen der Nationalhymne (allerdings in täglich wechselnden instrumentellen und mehrsprachigen Fassungen) und eine *flag raising ceremony* eingeführt wurden, schüttelten sich diese vor Entsetzen über diesen »unkanadischen« Patriotismus. Nun ist der kanadische *new patriotism* sicherlich weit entfernt vom ethnozentrischen Nationalismus europäischer Prägung oder vom nationalen Sendungsbewusstsein der USA in der Gegenwart, doch auf viele Kanadier wirken die neuerlichen Bestimmungsversuche von *Canadianness* irritierend.

Eine Ursache dafür liegt sicherlich in dem weiteren Auseinanderdriften der Metropolregionen und der kleinstädtisch-ländlichen Bevölkerung. Die alltägliche Erfahrung des Multikulturalismus ist keine gesamtkanadische, sondern konzentriert sich auf die großen Städte und bestimmte Regionen. Während nahezu die Hälfte der Einwohner Torontos Einwanderer sind und auch in Vancouver oder Montreal die Immigranten einen Anteil von bis zu einem Drittel der Gesamtbevölkerung ausmachen, trifft dies auf *small-town Canada* eben nicht zu.

Das in Toronto beheimatete *Historica Dominion Institute* hat sich seit 1997 zur Aufgabe gemacht, mittels regelmäßiger Umfragen die Eckpfeiler kanadischer Identität zu ermitteln und durch eigene Programme das Bewusstsein der Kanadier für die nationale Vergangenheit zu schärfen. Interessanterweise ergeben die Umfragen zum Teil eklatante Stadt-Land-Unterschiede in der Bestimmung kanadischer Identität. *Small town Canada* mag sich zwar demografisch auf dem Rückzug befinden, doch wenn es um die Definitionsmacht über »kanadische« Werte geht, stehen traditionelle rurale Einstellungen noch immer ganz oben und im potentiellen Widerstreit mit den Lebenswelten und Werteinstellungen des metropolitanen und multikulturellen Kanada.

Einen »Kulturkampf« zwischen Stadt und Land wird es in Kanada sicherlich nicht geben, doch hat sich durch die zunehmende Divergenz der Lebenswelten und der Weltdeutungen eine weitere Ebene nationaler Fragmentierung aufgetan, die politisch instrumentalisiert werden kann.

Ein schlafender Riese? Kanada in der Welt

Indem Kanada sich die Welt ins Land geholt hat, ist es auch stärker in die Welt hineingerückt. Die Zeiten der einseitigen Orientierung zum britischen Weltreich oder zu den USA sind vergangen. Die Europäische Union, der pazifische Raum und die sogenannten Schwellenländer sind gleichermaßen in den Blick Kanadas gerückt, zumal aufgrund der Einwanderungsgeschichte zu all diesen Regionen kulturelle und gesellschaftliche

Bindungen bestehen. In Kürze wird Kanada ein Freihandelsabkommen mit der EU abschließen, den Verhandlungen über eine *Trans-Pacific Trade Partnership* wird das Land wohl bald beitreten und in den *emerging markets* Brasilien und Indien versucht es schon seit längerem Fuß zu fassen.

In den exklusiven Reihen der G-7- und G-20-Staaten ist Kanada bereits seit langem als feste Größe etabliert und meldet sich dort selbstbewusst mit eigenen Positionen zu Wort. In der Lösung der Banken- und Finanzkrise beispielsweise lehnt die Regierung Harper die Einführung einer internationalen Finanztransaktionssteuer vehement ab, verweist aber im Gegenzug auf die strenge Regulierung des kanadischen Banken- und Finanzsystems als ein Modell für die Welt. Auch militärisch ist das Land mehr denn je in der Welt präsent und beschränkt sich nicht mehr auf humanitäre Unterstützung und auf die Rolle als Flüchtlingslager für den Westen. Die aktive Teilnahme am Krieg in Afghanistan ist in einer Gesellschaft, die bislang die zahlreichen kanadischen Friedensmissionen als größte außenpolitische Leistung gewertet hat, allerdings tief umstritten und hat auch überproportional viele Opfer gekostet. Seit 2002 starben 158 Kanadier in Kampfhandlungen oder bei Anschlägen, die höchste Zahl an Kriegsopfern im Verhältnis zur Einwohnerzahl unter den Staaten der Koalition. Wie in anderen westlichen Staaten stellt sich jedoch verstärkt die Frage, welchen Preis für internationales Engagement zu zahlen die Bevölkerung bereit ist, zumal *peacekeeping* und humanitäres Engagement lange Zeit als ein identitätsstiftendes Element kanadischer Politik gegolten hat.

Es sind vor allem der Ressourcenreichtum und die politische Stabilität des Landes, die Kanada zu einem attraktiven Handelspartner in der Welt machen und den materiellen Wohlstand sichern. Doch besteht zumindest ökonomisch die Gefahr einer zu großen Abhängigkeit von den stetig schwankenden Weltmarktpreisen für Rohstoffe und einer Schwächung der Innovationskraft des Landes in den Zukunftsbranchen. Was zurzeit noch – und wohl auch in der nahen Zukunft immer wieder – diese Defizite des kanadischen Wirtschaftssystems überdeckt, sind die hohen Rohstoffpreise durch ihre Verknappung im globalen Maßstab bei gleichzeitiger Zunahme der Förderung in

Kanada selbst. Mit der Verfügungsgewalt über einen beträchtlichen Teil der globalen Ressourcen einher geht aber auch eine besondere Verantwortung, der Kanada bislang nur zögerlich nachkommt. Ob die derzeit von der Regierung verfolgten Strategien, den Ursachen der Erderwärmung und anderer ökologischer Fehlentwicklungen beizukommen, tatsächlich hilfreich sind, wird von zahlreichen Kritikern stark bezweifelt. Insbesondere ein stärkeres Engagement Kanadas in der Entwicklung eines stabilen und wirksamen globalen Rahmens wäre sehr wünschenswert. Doch müssten dafür die Regierung Harper und vor allem die Ölprovinzen über ihren Schatten springen und nicht allein in nationalen bzw. regionalen Wachstumskategorien denken.

Von seinen gesellschaftlichen und kulturellen Stärken hingegen macht Kanada in der Außenpolitik nur sehr defensiven Gebrauch. Einst eine Weltmacht der Kulturdiplomatie und der Anwendung von *soft power*, sind staatlich subventionierte Kulturinstitutionen im Inland wie im Ausland durch fortwährende Budgetkürzungen ausgedünnt, zum Teil auch gar nicht mehr existent. Bedauerlich ist dies insbesondere, weil das einmalige Gesellschaftsmodell Kanadas die Welt durchaus etwas lehren könnte. Die Einwanderungspolitik, der Multikulturalismus, die Minderheitenrechte, die sorgsam austarierten, manchmal verzwickten Machtverhältnisse zwischen Bund und Provinz und nicht zuletzt die nicht nur tolerierte, sondern geförderte Vielfalt der Lebensmodelle sind es durchaus wert, Nichtkanadiern umfangreich bekannt gemacht zu werden. So bleibt die Hoffnung, dass das Pendel auch bald einmal wieder herumschwingen und die Prioritätensetzung in der kanadischen Außenpolitik eine andere sein wird. Bis dahin wird man jedoch auch weiterhin nach Kanada reisen müssen, um die Vielfalt der Welt in einem Land derart konzentriert zu sehen.

In Kanada selbst sind die politischen und gesellschaftlichen Entwicklungen widersprüchlicher denn je. Das multikulturelle Modell hat sich fest etabliert, und die Einwandererströme werden sich in den nächsten Jahren eher verstärken, da auch Kanada unter einer sehr niedrigen Geburtenrate leidet. Womöglich werden die Aufnahmeanforderungen für *New Canadians* strenger werden, und die Modellierung von *designer immig-*

rants wird eine größere Bedeutung erhalten, was aber an dem gesellschaftlichen Gesamtbild nicht viel ändern wird. Kanada wird ein Einwanderungsland und offen für die gesamte Welt bleiben.

Blickt man auf die nackten Wirtschaftszahlen, die Reichtumsindizes und die mittelfristigen ökonomischen Aussichten, so kann es keinen Zweifel daran geben, dass das »kanadische Zeitalter« gerade erst begonnen hat. Es wäre wünschenswert, wenn der erwachende Riese auch jenseits der internationalen Wirtschaftsbeziehungen noch stärker als bisher die Vorzüge seines einzigartigen Gesellschaftsmodells nach außen vermitteln würde. Es war der Prinz Karim Aga Khan IV., der 2003 die Gründung eines *Global Centre for Pluralism* in Ottawa (und einige Jahre später eines Aga Khan Museums in Toronto) initiierte, weil er in der kanadischen Erfahrung und Politik des Multikulturalismus ein einzigartiges Vermächtnis für die Welt sieht. Kaum einer, der sich einmal längere Zeit in Kanada aufgehalten hat, wird dieser Einschätzung widersprechen wollen.

In einem Gespräch mit einem kanadischen *immigration officer* antwortete eine während des Kriegsrechts aus dem kommunistischen Polen geflohene Frau auf die Frage, warum sie nach Kanada kommen wolle, dass sie fortan in einem Land leben möchte, das nicht täglich in den Weltnachrichten erscheine. Seine Zurückhaltung in internationalen Auseinandersetzungen und vor allem seine Unaufgeregtheit im Inneren haben Kanada zu einem sympathischen, jedoch auf der Weltbühne kaum beachteten Staat gemacht. Wünschenswert wäre es, wenn Kanada auch jenseits seiner Naturschönheit häufiger den Weg in die Schlagzeilen fände. Denn zumindest in alltäglich praktizierter Toleranz kann die Welt von einem der coolsten Länder dieser Erde noch sehr viel lernen.

Einführende Literatur und nützliche Websites

Während es an Hochglanzreiseführern über Kanada nicht mangelt, ist die deutschsprachige Literatur zu Geschichte und Gegenwart des Landes vergleichsweise rar gesät. Als erste Einführungen können empfohlen werden:

Susanne Iwersen-Sioltsidis und Albrecht Iwersen: *Kanada,* München 1998
Udo Sautter: *Geschichte Kanadas,* München 2007.

Sehr unterhaltsam sind die Bücher der Brüder Will & Ian Ferguson: *How to Be a Canadian*, Vancouver 2007 und *Why I hate Canadians*, Vancouver 2007. Eine launige Einführung in die kanadische Sprache liefert Alexander Schwarz: *Canadian Slang, das Englisch Kanadas*, Bielefeld 2010.

Aktuelle Themen und Debatten können in der politisch vielgestaltigen kanadischen Presse verfolgt werden. *The Globe and Mail, Toronto Star, The National Post, The Montreal Gazette* sowie *Le Devoir* sind wichtige Tageszeitungen. Von den Politik- und Kulturmagazinen seien hier *Maclean's* und *The Walrus* genannt, das von der Royal Canadian Geographical Society herausgegebene *Canadian Geographic* berichtet in zum Teil atemberaubenden Dokumentationen über kanadische Landschaften, aber auch umstrittene Umweltthemen.

Das Blog *Inside Canada* (http://canada365.wordpress.com/) des Journalisten Herbert Bopp führt informativ und unterhaltsam in Alltag und Gesellschaft Kanadas ein, ebenfalls empfehlenswert ist *Correr es mi destino* (http://correresmidestino.com/), eines der beliebtesten kanadischen Blogs. Die kanadische Tourismusbehörde unterhält eine Website (http://mediacentre.ca-nada.travel/), auf der nützliche Reiseinformationen und persönliche Kanada-Sichten prominenter Schriftsteller bereitgestellt werden. Unbedingt empfehlenswert ist die vom Historica Dominion Institute betreute online-Enzyklopädie *The Canadian Encyclopedia* (http://www.thecanadianencyclopedia.com). Wichtige Grundinformationen und praktische Hinweise liefert die Website der Botschaft von Kanada in Deutschland (http://www.canadainternational.gc.ca/germany-allemagne/).

Statistische Angaben sind zumeist von Statistic Canada (Statcan) oder internationalen Organisationen (UN, OECD, IWF) übernommen worden.

Bildnachweis

imago/Barry Bland: Cover (Skyline von Vancouver)
Lineair/Ton Koene: Rückseite (ein junger Eishockeyspieler in Gjoa Haven, Provinz Nunavut)
Privat: Klappe hinten
Petr Pulchart: Klappe vorn

Dank

Dieses Buch ist zwar im stillen Kämmerlein geschrieben worden, doch in zahllosen Gesprächen und auf den Straßen entstanden. Meinen kanadischen Freunden und Gesprächspartnern möchte ich besonders danken, dass sie mich ihre Heimat besser zu verstehen lehrten, ohne jemals belehrend gewesen zu sein. Die Freunde in »Roncey«: Nazneen Mehdi & Petr Pulchart, Sheri Wildhagen & David Greig, Deirdre & Pat Raine, Christina Heidorn & David Giddens, Sheila Escoe, Richard Walters u. v. m. Die Freunde in »Macdonell«: Anke Davids & Robert Wilcox, Bonnie Beecher & Glenn Davidson, Tony Lanz-(ilotta) & Tania Serrano, Janine Robinson & Krista Maxwell. Mary Campbell und John Lewis sei für die opulenten Thanksgiving (und andere) dinner und die damit verbundenen Einführungen in die Abgründe der kanadischen Geselligkeit gedankt, Mary McRae für die Einladungen auf ihre Ländereien. John Paul Kleiner und Mark Webber waren niemals nur Kollegen, von denen ich das *ABC of Canada* gelernt habe, sondern auch stets verlässliche Freunde.

Meiner Frau danke ich für die gemeinsam erlebten Kanada-Abenteuer. Widmen möchte ich dieses Buch meiner Tochter Sophie Katharina, der Kanadierin in der Familie.

Basisdaten Kanada

Fläche: 9 984 670 km²

Einwohner: 34 877 000 (2012 geschätzt)

Bevölkerungsdichte: 3,41 Einwohner pro Quadratkilometer, 80 % der Einwohner leben in Städten in einem 150 Kilometer schmalen Korridor entlang der kanadisch-amerikanischen Grenze.

Nationalfeiertag: Canada Day / Fête du Canada am 1. Juli in Erinnerung an den British North America Act von 1867 (bis 1982 Dominion Day / Le Jour de la Confédération)

Landessprachen: Englisch (Muttersprache von 58,8 % der Einwohner) und Französisch (Muttersprache von 23,2 % der Einwohner) sind die offiziellen Landessprachen im Bund und in der Provinz New Brunswick. 18 % der Einwohner haben eine andere Muttersprache. In den Territorien sind zahlreiche indigene Sprachen offizielle Landessprachen neben Englisch und Französisch.

Ethnische Diversität: kanadisch 10,06 Mio., englisch 6,57 Mio., französisch 4,94 Mio., schottisch 4,71 Mio., irisch 4,35 Mio., deutsch 3,17 Mio., italienisch 1,44 Mio., chinesisch 1,34 Mio., First Nation 1,25 Mio., ukrainisch 1,2 Mio und 18 weitere Nennungen über 200 000, insgesamt knapp 200 Nennungen (Stand 2006, bei der Frage nach dem ethnischen Hintergrund der Vorfahren waren Mehrfachnennungen möglich.)

Einwanderung: jährlich etwa 250 000 Menschen

Religion: römisch-katholisch 43,6 %, protestantisch (verschiedene Denominationen) 23,3 %, konfessionslos 16,6 %, 6,3 % nicht-christliche Religionen (davon 2 % Muslime und 1,1 % Juden)

Hauptstadt: Ottawa (885 000 Einwohner). Die *National Capital Region* umfasst neben Ottawa auch die in Quebec gelegene Stadt Gatineau sowie weitere Vororte und hat insgesamt knapp 1,5 Mio. Einwohner.

Größte Städte: Toronto 2 615 060 (5 583 064), Montreal 1 649 519 (3 824 221), Calgary 1 096 833 (1 214 839), in Klammern die Bevölkerungszahl der Metropolregion

Bruttoinlandsprodukt: 1 737 Mrd. US-Dollar, 50 436 US-Dollar pro Kopf (2011 geschätzt)

Quellen: Statistic Canada, The Canadian Encyclopedia

Ute Mehnert

USA

Vertraute Bilder,
fremdes Land

240 Seiten
Klappenbroschur
ISBN 978-3-86153-602-4
16,90 € (D); 17,40 € (A)

Mickymaus und Marshallplan, Barbie und Burger, Pop-Art und Popcorn, Madonna und Obama: Die USA haben unser Leben geprägt und tun es weiter. Dafür werden sie bewundert oder gehasst, oft beides zugleich. Gegen den vertrauten Ort in unserer Vorstellungswelt kommen Land und Leute schwer an, wenn es uns Deutsche dann tatsächlich in die Vereinigten Staaten verschlägt. Doch bald blitzt mitten im scheinbar Vertrauten das irritierend Fremde auf: Da wird die lockere Verabredung fürs Kino plötzlich zum »date«, da begegnen einem Fremde mit überschäumender Herzlichkeit, Lob entpuppt sich als Kritik, und »liberals« sind eher Sozial- als Freidemokraten. Erst wenn man der Verzweifelung nahe ist, beginnt das Verstehen dieses Landes, in dem Dynamik die größte Konstante ist.

Ute Mehnert, die in den USA lebt, hat einen ebenso informativen wie unterhaltsamen Wegweiser für ein Land geschrieben, in dem man nur ankommt, wenn man immer in Bewegung bleibt.

www.laenderportraet.de
www.christoph-links-verlag.de